SOUVENIRS

DE

SAINT-ANDRÉ D'ANTIN

PARIS. — IMP. VICTOR GOUPY, RUE GARANCIÈRE, 5.

SOUVENIRS

DE

SAINT-ANDRÉ D'ANTIN

OU

INSTRUCTIONS

PRÊCHÉES

A SAINT-ANDRÉ D'ANTIN ET A LA MADELEINE

PAR

M. l'abbé Paul CARRON

CHANOINE HONORAIRE DE PARIS, CURÉ DE SAINT-ANDRÉ
VICAIRE GÉNÉRAL DE VERSAILLES.

PARIS

CHARLES DOUNIOL, LIBRAIRE-ÉDITEUR

29, rue de Tournon

1866

Tous droits réservés.

PRÉFACE.

On offre aux amis de M. l'abbé Carron les dernières instructions qu'il donna en l'église de la Madeleine, à un auditoire où, avec l'élite de ce somptueux quartier se pressaient les paroissiens de Saint-André avides d'entendre leur ancien curé; ce n'est point une œuvre oratoire, ou littéraire : c'est un écho, un souvenir; sa mort soudaine a été, pour sa religieuse clientèle un coup rapide comme l'éclair, un deuil prématuré : la pierre funéraire n'était pas scellée sur son tombeau, qu'un long bruit de douleur se fit entendre : cet homme d'église, doux et zélé, fut honoré par des styles divers : M. Laurentie vétéran respecté de la presse monarchique, M. Arsène Houssaye d'une plume brillante et facile, M. Oscar de Vallée, avec le tact et la gravité du magistrat, MM. Augustin Cochin et Louis de Saint-Pierre, aidés de la confraternité des souvenirs, ont traduit en des styles divers les regrets de tous : on croit utile d'ajouter quelques traits au portrait de ce prêtre enlevé trop tôt à l'amitié, à l'Eglise, et qui sut conquérir pour le bien, une influence considérable dans le quartier domicile fixé à son zèle.

Paul-Ange-Marie Carron naquit à Paris, le 17 juillet 1817, d'une famille ancienne, noble, où la piété, les traditions monarchiques et les charges publiques, furent héréditaires. Dieu choisit les siens partout; il prend ses élus sous le chaume, mais il n'exclut pas les autres de l'honneur de le servir : heureux partout qui écoute l'appel de Dieu !

Son père, officier dans l'armée royale et catholique de Bretagne, avait combattu avec Georges Cadoudal, et était resté fidèle à ses souvenirs bretons : par sa mère, il appartenait aux Cochin, puissante famille de l'échevinage de Paris, dont chaque génération a jusqu'à nos jours soigné son honneur par la vertu, les bienfaits et le talent. Mgr Carron, son oncle paternel, reçu par M. Bouvier qui devait lui succéder, avait été évêque du Mans sous la Restauration. Un autre oncle paternel, conseiller à la Cour royale de Rennes, quitta son siége, quand, en 1830, les fleurs de lis en descendirent ; son grand oncle, le célèbre abbé Carron, honoré de toute la confiance du charitable duc de Penthièvre, avait été la providence des gentilshommes et des prêtres persécutés par la démagogie révolutionnaire. L'Angleterre hospitalière, la France avait applaudi l'admirable dévoûment, la charité sans borne de cet homme de Dieu, fondateur des écoles de Sommers'Town, et surnommé le Vincent de Paul de l'émigration.

C'est au milieu de ces souvenirs d'honneur et de piété que s'élevait Paul Carron, doux, sage et annonçant dès l'enfance les qualités agréables à Dieu et aux hommes.

Il commença ses études à la communauté des clercs de la chapelle du Roi, rue du Regard : la mémoire de M. Poiloup, directeur de cette maison et fondateur de l'école de Vaugirard, doit vivre toujours : il a bien mérité de la jeunesse; pendant trente ans, assisté de MM. Levêque, Georget, Saingrain, il a partagé avec le ollége Stanislas et le petit séminaire de Paris, le labeur et la gloire d'offrir aux familles chrétiennes l'alliance de la discipline, des bonnes études et de la religion jusqu'à ce que les RR. PP. Jésuites vinssent reprendre et continuer leurs traditions.

Après ses humanités chez M. Poiloup, Paul Carron étudia la philosophie au collége Stanislas, dirigé alors par le vénérable M. Auger et M. Buquet. En 1835, après une retraite à Issy sous M. Mollevault, il entra au séminaire

Saint-Sulpice; c'était encore l'ancien Saint-Sulpice : M. Garnier, compagnon de voyage en Amérique de Chateaubriand ; M. Cartal, qui alliait la piété solide et la gaieté gauloise; M. Royer, d'une exquise politesse, M. Boyer, prédicateur du clergé, avec sa grande manière sybilline ou prophétique, si imposant dans les retraites ecclésiastiques; après eux, M. Carrière et ses traités ; puis M. Carbon, le règlement en action : Paul Carron étudia le dogme sous M. Gallais, trop tôt enlevé à sa compagnie; la morale, sous M. Icard, maintenant Directeur du séminaire et Vicaire général de Paris. C'était sous la discipline de ces hommes pieux et savants que Paul Carron pendant cinq années, se forma à la piété et à la science, aimé de ses maîtres et de ses condisciples.

Le supérieur général, M. Garnier, aimait beaucoup la jeunesse, espoir de l'Église, il choisissait les plus jeunes et les plus tranquilles; d'autres, plus remuants, se prêtaient moins au pas ralenti du vieillard, à ses historiettes ou ses savantes dissertations : plein de respect, de déférence, avide de s'instruire, poli, prévenant, Paul Carron était un des plus assidus; comme autrefois sous le Portique ou le Lycée, se groupaient les disciples du Philosophe, ainsi, autour du vénérable Garnier, on voyait MM. Carron, Pie depuis évêque de Poitiers ; Bernadou, depuis évêque de Gap, de Conny, protonotaire apostolique ; Joiron, premier vicaire de la Trinité, entourer de leurs respects cet homme vénérable, racontant les épreuves de l'Église de France, la vie des confesseurs de la foi, ou les travaux des Allemands sur les Écritures.

Le trait distinctif de Paul Carron, c'était la piété, sentiment calme, doux, puissant, qui féconde le cœur et illumine le front d'un rayon divin ; le regarder, c'était voir le recueillement et apprendre la prière : immobile, imposant, surtout après la sainte communion, on entrevoyait en Paul-Ange Carron quelque lueur de la grâce donnée à Berkmans ou à Louis de Gonzague : il y avait en lui un grand charme de candeur et d'innocence : quand son ministère s'exerça plus tard dans un quartier profane, il apparut toujours comme le rayon qui éclaire la boue sans rien perdre de sa pureté.

Il fut appelé à entrer dans la milice cléricale : le 25 mai 1836, la cloche avait donné le signal de la dernière prière : les feux s'éteignaient : sous les portiques silencieux, disparaissaient comme des ombres les habitants du sanctuaire. Il est proche la chapelle un vestibule connu de tous, où sous de simples arcades s'élève une statue de la Vierge Marie : sur le socle est écrit : *Virgo fidelis* : au bas un prie-Dieu antique, quelques livres de piété sulpicienne, des couronnes, des fleurs en l'honneur de la Vierge Maîtresse et première Supérieure du lieu : ce soir, on surprit Paul Carron, depuis longtemps en prière, se levant, puis, d'un pas rapide, venant déposer aux pieds de la Vierge le surplis, vêtement du lévite : il devait recevoir la tonsure des mains de Mgr de Quelen : il avait voulu consacrer à la Vierge fidèle, le surplis, symbole de la vertu que l'Église exige de ses ministres : il resta longtemps plongé dans sa prière ; c'était le moment où, avec la générosité et la foi du jeune âge, il consacrait à l'Église, dès vingt ans, toute son existence : pour une âme comme la sienne, commencer, c'était avoir fini : et le premier pas renfermait tous les autres sans esprit de retour.

Mais les études, les exercices religieux, sa très-grande application, avaient rendu nécessaire un changement d'air et de régime : alors, Mgr de Hercé, évêque de Nantes, qui avait connu son grand-oncle dans l'émigration en Angleterre et conservé des relations amicales avec sa famille, écrivit à M. Carron père la lettre suivante :

Nantes, le 4 novembre 1839.

Monsieur,

C'est la Providence qui donnera à mon diocèse l'avantage de posséder monsieur votre fils. Il viendra, parmi nous, nous édifier et nous montrer qu'il marche sur les traces de ses vénérables oncles. Celui que j'ai eu l'honneur de connaître plus particulièrement nous fut enlevé trop vite : si ce fut une perte pour son diocèse, c'en fut une particulière pour moi. La présence de votre cher fils m'offrira en quelque sorte une consolation de cette mort prématurée, et je compterai aussi sur sa bonne amitié.

La confiance que vous voulez bien me témoigner, vous, Monsieur et Madame Carron, m'est bien précieuse : je ferai de mon mieux pour y répondre, et il ne tiendra pas à moi d'adoucir le petit exil qu'éprouva monsieur votre fils en quittant de si tendres parents.

Veuillez partager avec madame l'hommage du respectueux attachement que vous a voué, Monsieur, votre très-humble et très-obéissant serviteur,

† J. FRANÇOIS, *évêque de Nantes.*

L'abbé Carron attendit donc à l'évêché de Nantes sa promotion à la prêtrise; M. le vicaire général Vrignault, Mgr de Hercé, eurent pour lui une bonté paternelle. Le comte de Hercé, avant son entrée dans les ordres, avait été marié : sa fille, madame d'Ozouville, mourut, et ce fut à l'occasion de cette perte qu'il écrivit au père de l'abbé Carron la lettre suivante si résignée :

Nantes, le 30 juillet 1840.

Monsieur,

Recevez mes remercîments de votre touchante sympathie au malheur qui vient de me frapper. Hélas ! j'ai offensé mon Dieu, je n'ai nul droit au bonheur, et tout mon désir est de glorifier le Seigneur par ma profonde soumission. C'est au pied de la croix que je pleure, que je pleurerai toute ma vie, et du haut de l'arbre sacré, descend quelque baume sur la plaie saignante de mon pauvre cœur.

Monsieur votre fils voulut bien m'écrire la lettre la plus touchante, et hier l'eus la consolation de l'embrasser. Son bon cœur lui fit mêler ses larmes aux miennes, et je retrouvai avec douceur celui qui avait bien voulu être le compagnon de ma petite mission en Angleterre. Recevez tous mes remercîments, Madame et Monsieur, d'avoir bien voulu me le prêter pour ce petit voyage : il y fut bien apprécié, bien aimé, et chacun répétait qu'il voyait, dans son extérieur si pieux, un nouveau saint Louis de Gonzague.

William l'a prié de venir passer chez lui, à la campagne, la dernière quinzaine d'octobre, et nous reviendrons ensemble ici, où j'espère que vous voudrez bien me le donner pour l'hiver. Nous nous flattons que vous voudrez bien ne pas vous opposer à un projet qui nous sourit.

Veuillez agréer et partager avec madame Carron, l'hommage de ma reconnaissance et du respectueux attachement avec lequel je suis, Monsieur, votre très-humble et obéissant serviteur,

† J. François, *évêque de N...*

Mgr de Hercé avait fait un voyage en Angleterre, emmenant avec lui l'abbé Carron ; il le présenta à des amis que ses oncles avait laissés en ce pays. Le prélat breton aimait à montrer que le souvenir des persécutions n'avait point éteint en France les vocations ecclésiastiques, et par les termes si flatteurs dont il se sert, on voit que ce n'était pas la camaraderie du sanctuaire qui louait en l'abbé Carron une modestie, un recueillement, dont Louis de Gonzague est le type admiré.

Le temps était venu de recevoir la prêtrise. Mgr de Hercé eût volontiers conservé près de lui M. Carron : se rappelant l'origine bretonne de sa famille, il lui voulait persuader qu'il pourrait exercer utilement son zèle dans son diocèse; mais Mgr Affre s'empressa de le rappeler à Paris. Ce prélat lui conféra la prêtrise le 17 septembre 1840, en sa chapelle de Marie-Thérèse, et le lendemain Paul Carron célébra sa première messe au couvent des Carmélites de la rue d'Enfer; elle fut servie par M. Alfred Duquesnay déjà éloquent et depuis curé de Saint-Laurent.

Mgr Affre attacha M. Carron à son administration avec le titre de secrétaire-greffier de l'officialité diocésaine : sous la direction d'un prélat aussi savant, M. Carron reprit complétement ses études théologiques. Mgr Affre possédait à fond cette science, et il savait en montrer la grandeur : il aimait à s'entourer de jeunes gens qu'il formait pour l'administration, en leur faisant étudier les matières canoniques : ajoutons qu'aux yeux du prélat, leur mérite personnel n'était pas diminué quand ils travaillaient au titre patrimonial et sans être revêtus d'aucun bénéfice.

Ce n'était pas seulement à la science que Mgr Affre formait ses disciples : il surveillait le développement de leur zèle. Voici quelques lignes de l'illustre prélat qui renferment un éloge et une leçon :

« Vous savez, mon cher ami, combien je
« vous suis attaché : j'aime surtout en vous
« une grande franchise, et l'absence de
« toute espèce, je ne dis pas de ruse, mais

« de détour. Cependant il peut se faire que
« vous ayez quelquefois le défaut de cette
« excellente qualité : restez aussi franc, aussi
« loyal que vous êtes, mais soyez un peu
« moins confiant surtout avec certaines
« gens. »

En octobre 1841, il fut nommé chanoine honoraire : mais le travail des bureaux ne devait pas suffire au zèle, à l'activité de M. Carron, et après trois années passées à l'archevêché, il fut, en 1845, nommé chapelain des Dames du Sacré-Cœur, de la rue de Varennes.

Remiremont, Fontevrault, Beaumont les Tours, n'existent plus avec leurs abbesses princesses et leurs féodales dignitaires : mais nous avons le Sacré-Cœur, chapitre noble de notre temps : là, les filles de qualité trouvent une retraite digne d'elles, et les religieuses institutrices de haut parage, forment à la vertu leurs élèves, qui gardent avec fidélité le souvenir des leçons et des maîtresses préférées : qui pourrait oublier mesdames Barrat, de Marbœuf, de Grammont, d'Avenaz, de Liminghue, de Nicolaï, de Caumont, et tant d'autres, vraies fleurs de la piété et de la chevalerie françaises ?

Mgr Affre ne laissa M. l'abbé Carron qu'un an dans cette sainte maison, et en 1844, il le nomma vicaire à l'Abbaye-aux-Bois, paroisse petite d'étendue, grande de renommée, où M. le curé Hamelin perpétuait avec tant de succès la tradition et les célèbres catéchismes de Mgr Borderies. M. Carron trouvait là un curé sous les ordres duquel beaucoup s'honorent d'avoir servi, et d'anciens condisciples de Saint-Sulpice, M. d'Anglars de Bassignac, et M. de Conny, plus tard protonotaire et doyen du chapitre de Moulins : là, ensemble, ils commencèrent l'exercice du ministère paroissial.

En 1845 et 1846, M. Carron fit un voyage à Rome : il l'entreprit comme complément de son éducation ecclésiastique : après ses études à Saint-Sulpice, l'initiation aux affaires et à l'administration près de Mgr Affre, les essais au Sacré-Cœur et les prémices du ministère paroissial, il crut utile de comparer hommes, choses, institutions ; son journal de voyage est un programme d'études : églises, bibliothèques, palais, musées, personnages célèbres, il releva tout avec soin et rapporta des matériaux très-considérables ; il note les sources, les questions, les problèmes, le mécanisme des chancelleries, congrégations, ordres religieux ; on remarque un esprit ouvert par les positions diverses qu'il a occupées ; l'étendue des recherches, la sagacité des observations, se révèlent dans ces résumés, point de départ d'études nouvelles.

A son retour de Rome, en 1846, il fut nommé second vicaire à Saint-Sulpice, et revenait exercer le ministère dans sa paroisse, près du grand séminaire où il avait été élevé : cette époque, disait-il souvent, fut la plus heureuse de sa vie : M. Colin, cet homme vénérable, ce père des pauvres, gouvernait avec un zèle couronné de succès cette paroisse aux grandes traditions. Là étaient réunis MM. Potel, d'ineffaçable mémoire; Alexandre, frère de l'auteur du dictionnaire grec; Gibert, esprit fin, plume facile, Watrin, de Hansy; Vosgin, Rougemaitre, enfants de la Lorraine, unissaient leurs talents, leurs efforts et leur sacerdotale amitié.

M. Carron s'appliqua avec zèle aux œuvres du ministère paroissial, l'assistance ponctuelle à tous les offices, la confession, la visite des malades, la fidélité inflexible à se tenir à son poste de garde, sans donner aux employés d'église ou aux personnes qui avaient affaire à lui, la fatigue des marches et contremarches.

Comme la demeure de sa famille était assez éloignée de l'église, il voulut, pour être mieux à portée du public, prendre une chambre près de Saint-Sulpice : là, il installa sa bibliothèque, son oratoire ; là, ses livres ; là, le premier des livres, la croix ; il y passait de longues heures dans la méditation des saintes Écritures ou de la Passion de Jésus-Christ, et ne quittait cette cellule que pour le confessionnal, ou l'audience de ceux qui avaient à traiter avec lui. Il aimait les belles gravures de dévotion, les objets d'art, les reliquaires, les statues portant à la piété, les émaux religieux.

Sa bibliothèque fut composée d'abord sous l'inspiration de M. Hugon, vicaire général de Bourges, qui, vers 1835, tenait en si grand honneur, à Saint-Sulpice, les ouvrages de saint Thomas : (de jeunes naïfs prétendent depuis les avoir découverts parce qu'ils ne les avaient point encore lus hier) ; puis, d'après les savantes indications de Mgr Affre, il réunit tous les bons ouvrages et éditions rares qui lui furent indiqués en Italie, théologiens canonistes, Pères, et ouvrages sur l'archéologie chrétienne. Cette collection précieuse donnée à Mgr l'évêque de Versailles sera utilement explorée et exploitée par le docte M. Bouix.

Qui n'a connu sa cellule de la rue du Regard, où il travaillait avec ardeur, n'apparaissant qu'aux heures marquées pour rendre ses devoirs de respect à son père et à sa mère, avec la fidélité de traditions des anciennes familles, et le soir à l'heure du repas, faisant la joie des siens par sa douce gaieté : il passa, de 1846 à 1852, six années dans le vicariat de Saint-Sulpice.

Cependant, la population de Paris s'étant accrue considérablement, l'Archevêché de Paris augmenta le nombre des paroisses : le rapport de M. le conseiller Bonjean sera le monument de statistique religieuse de cette époque : les paroisses de la Trinité, de Saint-Augustin étaient fondées par MM. les curés Bourgoing et Modelonde ; celle de Saint-André fut décrétée ; et M. Carron vicaire à Saint-Sulpice, désigné pour ce poste : la cure de Saint-Sulpice devenait un bénéfice sulpicien, « pour associer, disait-on, la doctrine et la pratique et fortifier l'une par l'autre. » Les anciens vicaires furent éloignés avec des fortunes diverses : M. de Barrande, premier vicaire, et M. Goujon restèrent seuls débris d'un âge passé ; M. Carron dut accepter le rôle de fondateur.

Comme le disait Mgr Pompalier, une fondation d'église à Paris est beaucoup plus compliquée qu'en pays de mission : le missionnaire, disait ce saint évêque, joue, au début, sa tête; mais, s'il apprivoise le chef des sauvages : « Va, lui est-il dit, choisis
« l'endroit qui te convient et abats, dans
« ma forêt, autant d'arbres que tu en vou-
« dras. » Mais, à Paris, le prix des terrains, mais le conseil des bâtiments, mais la mairie, mais l'hôtel de ville, mais la police,

mais les règlements, mais mille obstacles captivent la volonté : la plus énergique M. Carron cherchant un abri à la prière, dans ce tumultueux quartier, trouva une salle de réjouissances profanes : on loue les saints d'avoir consacré à Dieu les temples d'idoles ; un contemporain fait quelque chose de semblable, une tentative héroïque, il récoltera de mauvais compliments, les observations pédagogiques de qui, n'ayant de sa vie remué une paille, est encore frais et alerte à la critique, ou l'onctueuse doléance de quelques amateurs en disponibilité : rien de tout cela ne manqua à M. Carron : son âme douce goûtait les amertumes du métier de fondateur.

Mgr de Bervenger, énergique directeur de l'œuvre de Saint-Nicolas, l'encourageait : « Jetez-moi de l'eau bénite là dedans, lui disait-il, et tous les diables s'enfuiront ; empruntez, aux juifs de votre quartier, à 20 pour 100. »

On ignore combien souffre le cœur du

prêtre sans église : d'autres se résignent facilement dans leurs salons à la pauvreté, au dénuement de la maison de Dieu ; ils attendent avec quiétude, qu'après théâtres, squares ou casernes, on pense aussi à leur église.

Ce fut pour M. Carron une croix amère que cette pauvreté de son sanctuaire ; puis le questionnaire perpétuel adressé à ce curé délaissé : Quand bâtit-on votre église ? — Où doit-on la bâtir ? Dans quel style sera-t-elle ? — Avez-vous vu les plans ? — Combien faudra-t-il de temps ? — Romane, gothique, byzantine ? Quel est votre architecte ? toutes ces questions faisaient flèche au cœur du pasteur qui, plein du zèle de la maison de Dieu, voyait ses efforts neutralisés. Cependant il avait des amis dans le Conseil municipal de Paris : mais il ne pouvait se résigner à cette situation précaire, et il exhalait sa plainte dans ses rapports avec l'administration diocésaine, dont il invoquait l'appui.

M. Carron exerça envers son église la

libéralité, la générosité ; des gens qui ne l'avaient pas aidé d'une obole se donnèrent le congé de s'étonner qu'il n'eût pas tout risqué : Saint-André avait un territoire fixé par décrets ; malgré décrets et ordonnances, le curé ne put jamais se faire envoyer en possession de toute la juridiction qui lui avait été départie; bâtir sans terrain, c'était bâtir en l'air : autant vouloir scier un vieux chêne avec un canif, ou faire traîner un bloc de pierre par une fourmi !

Tout occupé qu'il fût de son ministère, il était en correspondance fréquente avec plusieurs évêques de France et de l'étranger, qui aimaient à le consulter, à le prier d'employer son crédit pour le bien de l'Église. Nous citerons quelques lettres de Mgr Guillemin, vicaire apostolique et de Mgr de la Brunière, évêque de Mantchourie. Que d'amis comptait en France Mgr de la Brunière ?

Jam-Kuan, 29 octobre 1844.

Mon cher ami en Notre-Seigneur,

Voici une belle occasion de rompre un silence que je croyais devoir toujours garder. Monseigneur de Colombie, vicaire apostolique de la mission de Leao-tong, se rend à Rome pour une affaire grave, au succès de laquelle tous les missionnaires s'intéressent vivement. Il y sera combattu par une puissante opposition, et je doute qu'il rencontre beaucoup d'amis. J'ai pensé que vous pourriez, ou par vous-même ou par d'autres personnes, procurer a Sa Grandeur quelque utile recommandation. Si vous êtes à même de lui rendre ce petit service, vous pouvez considérer ces lignes comme une prière que je vous en fait avec le plus d'instances possible; si la demande passe vos forces, je me croirai toujours heureux de vous avoir fait passer à travers tant de mers ce souvenir de nos anciennes relations.

Je vous écrirais une longue lettre si j'y voyais quelque utilité, car quelle matière oserais-je sagement aborder? Vous parler de Lea-tong? mais c'est un trou ou un cimetière; rien de plus : de moi? Le passé vous en a appris plus que toutes mes descriptions. Tout ce que l'expérience me permet d'ajouter à ce que vous connaissez, c'est que le bon Dieu qui fait bien toute chose m'a parfaitement placé dans cette solitude de la Mandchourie, où j'ai l'unique bonheur de pouvoir en silence et sans être vu de personne, consacrer à sa gloire les années que je dois passer en ce monde. Du fond de mon ermitage je le bénis aussi de ce qu'il veut faire par vous dans votre belle Église de France. Vous êtes sur le haut du chandelier pour éclairer les parties supérieures; et moi j'habite le dessous de la table pour donner la lumière aux insectes qui rampent, ceci soit dit sans vous mettre en colère.

Je compte sur vos bonnes prières, puisque le saint cœur de Marie opère tant de miracles demandez-lui d'en faire un sur le cœur de cet incorrigible.

Tout à vous et pour toujours,

A. DE LA BRUNIÈRE, M. A.

P. S. Si vous le jugez à propos, offrez mes profonds respects à Monseigneur de Paris. Je quittai la France sans rendre visite à Sa Grandeur, par crainte d'une opposition dont mes parents m'avaient menacé. Je vous laisse à juger si j'ai bien ou mal fait. Nous avons ici un missionnaire qui médit grandement sur votre compte, c'est le cher M. Berneux à qui vous devez une réponse qu'il attendra probablement jusqu'à l'éternité. C'est un forçat libéré qui a attrapé dans les galères une gloire peu commune; il vient la cacher dans l'obscurité de notre Lao-tong, qui, à lui seul, vaut quelquefois plus qu'une galère.

Paris, le 27 mai 1857.

Monsieur et vénéré Curé,

Voici les deux lettres dont nous avons parlé ce matin, l'une pour l'Empereur, l'autre pour le ministre des cultes. J'ai cru qu'il était convenable de les cacheter, mais en même temps, je joins ici une copie de leur contenu, afin que vous et le ministre vous puissiez en prendre connaissance.

J'ai reçu ce soir encore une lettre d'une dame d'honneur de la cour de Bruxelles, qui me presse d'aller en cette ville, pour y assister à une réunion de la Sainte-Enfance, on me dit en même temps que je pourrais y faire quelque chose pour notre mission. Si l'audience que l'on demandera pour moi, ne devait pas avoir lieu ces deux derniers jours de la semaine, ni lundi ou mardi prochain, je pourrais ces jours-ci expédier le voyage projeté, qu'en pensez-vous ?

Je dirai la messe demain pour vous, très-cher et vénéré Curé, demandant à l'auguste Marie qu'elle vous inspire pour les grandes choses que vous avez à dire au ministre de cultes. A cela permettez-moi encore d'unir l'expression du respectueux attachement que vous offre en Notre-Seigneur votre tout affectionné et dévoué serviteur,

† Zéphyrin Guillemin, *Év. de Cybistia,*
préfet apostolique.

Mille remercîments pour la riche offrande, qui m'a été apportée par monseigneur votre frère. Je la dépose aux pieds de la sainte Vierge où elle priera pour vous !

Paris, 27 mai 1857.

Monsieur le Ministre,

Je n'ai pas l'honneur d'être connu de Votre Excellence ; cependant je m'adresse à elle avec confiance, par l'entremise de monsieur l'abbé Carron, pour lui demander de vouloir bien m'appuyer auprès de l'Empereur, afin d'obtenir une audience de Sa Majesté.

Chargé d'une des missions les plus importantes de la Chine, de la mission du Quang-tong et Quang si qui ne renferme pas moins de quarante millions d'habitants; au moment où les évènements les plus graves vont se passer en ce pays, sur le point d'y retourner moi-même, il me semble qu'il ne serait pas hors de propos que je visse l'Empereur, pour l'entretenir de plusieurs choses, qui peuvent intéresser la religion et le bien de la France en ces pays éloignés.

J'espère d'autant plus qu'il m'accordera cette grâce qu'ayant rencontré monseigneur l'Évêque d'Évreux, il y a quelques jours, il m'a dit que Sa Majesté lui avait témoigné qu'Elle me recevrait volontiers.

Je lui ai déjà adressé une demande qui n'a pu être accordée à cause du voyage de Fontainebleau. Je lui adresse une demande aujourd'hui; mais si elle n'est pas présentée par quelqu'un qui s'y intéresse, il est bien à craindre qu'elle passe inaperçue. Je vous serais donc reconnaissant, Monsieur le Ministre, si Votre Excellence voulait bien présenter ma requête à l'Empereur et l'appuyer d'un mot qui la fera accueillir favorablement de Sa Majesté, et permettez-moi d'offrir à Votre Excellence l'expression de mes sentiments respectueux et dévoués.

L'Évêque n'eut qu'à se féliciter des bons offices qui lui furent en cette circonstance rendus par l'abbé Carron, et il l'en remercia plus tard, par la lettre suivante :

Canton, 1er août 1859.

Monsieur et vénéré Curé,

Il y a quelque temps, trouvant une occasion pour la France, j'en ai profité pour vous envoyer un petit échantillon de nos productions de la Chine. Je regrette vivement de ne pas avoir pu l'accompagner d'un petit mot d'écrit pour vous envoyer l'expression de ma reconnaissance, mais vous savez ce que c'est que la vie d'un missionnaire, rien de plus incertain que ses jours : comme l'oiseau sur la branche, il est ici aujourd'hui, et demain il devra chercher à plus de soixante lieues de loin un endroit solitaire, où il puisse se mettre en sûreté. Mais si ma main n'a pu vous tracer quelques lignes, mon cœur au moins et le sentiment de ma reconnaissance sont allés bien des fois retrouver le digne et excellent curé de Saint-André, et lui exprimer toute la gratitude que je ressens pour ses prévenances et ses bontés. Recevez donc, Monsieur et vénéré Curé, ce témoignage trop tardif de mes sentiments, et croyez que jusqu'au fond de la Chine, tant que je vivrai, il y aura quelqu'un qui pensera à vous, et priera Dieu de vous bénir de ses plus abondantes bénédictions.

Notre position est toujours à peu près la même que par le passé : un moment nous avons cru à la paix et à la jouissance d'une entière liberté ; mais ce doux espoir s'est bientôt évanoui. L'événement de Tien-Tien dont vous avez sans doute entendu parler et qui a enlevé cinq cents hommes aux Anglais, dont quatre-vingt mis à mort et quarante grièvement blessés est venu renverser tout ce qui avait été fait jusqu'ici. Tout est à recommencer, et si nos diplomates ne prennent pas vis-à-vis la Chine le ton qui convient et qu'on emploie dans toutes les affaires d'Europe, il est bien à présumer qu'on n'aura jamais une position entièrement sûre, franche et honorable dans ce pays. Quoi qu'il en soit des mesures de la politique, nous pauvres missionnaires, qui sommes venus pour gagner des âmes à Dieu, nous cherchons, quand même et malgré tous les obstacles, à faire quelque chose pour l Divin Maître qui nous a envoyés. Depuis le commencement de cette année, j'en suis déjà à mon quatre-vingt-deuxième baptême de païens adultes, et j'espère en avoir un nombre non moins grand d'ici à la fin de l'année. Notre église n'est pas encore commencée, à cause des difficultés de toutes sortes qui se sont présentées jusqu'ici ; mais j'espère bien aussi, Dieu aidant, qu'elle finira par s'élever. Oh! quel bonheur lorsque sur cette terre encore couverte des folies du paganisme, nous verrons s'élever un beau temple, qui redira la gloire du Seigneur du ciel et qui engagera nos pauvres païens à s'y réunir pour n'adorer avec nous qu'un seul vrai Dieu ! Et quand cet édifice s'élèvera, il sera vrai de dire que la paroisse Saint-André y aura contribué pour sa bonne part et que je devrai à son digne et vénéré pasteur une des belles pierres qui entrera dans sa construction. Je ne vous dirai pas, faites plus, venez nous aider à la bâtir, car, si je m'en souviens bien, vous aussi, vous avez un temple à élever à la gloire du Seigneur, et mieux que cela il faudra bien un jour ou l'autre, aller prendre le soin d'*une de ses Églises;* mais de temps en temps, je vous en prie, ayez, devant Notre-Seigneur une petite Oraison pour le pauvre évêque de Canton, afin qu'il amène au bercail du souverain Pasteur le plus de brebis possible, et comme lui-même vous a souvent présent à l'esprit et au cœur, et tout joyeux un jour nous partagerons le bien que nous devons à cette sainte Union de prières et de bonnes œuvres.

Me permettrez-vous, Monsieur et vénéré Curé, de présenter ici mes devoirs à madame votre mère, à M. et madame de Saint-Pierre, à toutes les personnes de votre famille que j'ai eu l'avantage de voir, lors de la gracieuse invitation que vous avez bien voulu me faire, et agréer pour vous l'expression des sentiments respectueux et dévoués que vous offre un évêque missionnaire encore tout rempli des souvenirs de vos bontés,

† Zéphyrin Guillemin,
év. mis. de Canton (Chine).

Ces lettres font connaître l'utile secours qu'il donnait à ses amis sans négliger ses affaires et ses études : il étudiait beaucoup : sa lecture était immense : jamais il ne lisait que la plume à la main, en faisant des analyses, des extraits rangés par sujets et matières, avec une rigoureuse méthode. Il a laissé des cartons riches d'observations, de plans : aucune matière de la science ecclésiastique et des rapports de l'Église et de la société civile ne lui était étrangère. Il se faisait un véritable trésor de science ; puis par la méditation, il s'assimilait cette doctrine et cherchait ensuite le côté pratique, applicable aux âmes dans les conditions où elles se trouvent placées par les affaires, les institutions, les plaisirs, les mœurs, les révolutions, c'était en cela qu'il excellait. Il lui avait manqué peut-être ce familier commerce avec les écrivains de l'antiquité, qui aurait rendu son style plus ferme : il l'avait senti, et travaillait, avec les conseils d'un de nos meilleurs écrivains, à compléter sa préparation : ses progrès étaient sensibles : et le moment arrivait où, dans la force de l'âge et de l'étude, sa parole pleine de gravité de bonté, allait revêtir un éclat nouveau : l'église de la Madeleine, toujours pleine quand il montait en chaire, annonçait une nouvelle et bonne manière.

Un trait particulier de M. Carron, c'était la promptitude avec laquelle sans préliminaires, ni respect humain, il parlait à tous et sur-le-champ de Dieu, des vérités de la religion, des devoirs d'état : ce n'était pas un sermon inopportun, mais une causerie aimable, qui vous plaçait en plein milieu de morale chrétienne : hommes d'affaires, femmes du monde, jeunes étourdis, tous étaient pris de suite : il les avait connus, analysés; il n'y avait plus qu'un petit mot de rien à dire, un *amen* ou *Fiat* de bonne volonté.

Son entrée dans un salon était une attaque par une bénédiction ; un signe de croix sur les enfants, c'était son premier point; il arrivait vite au second, mais avec distinction, charme, et une bonté qui triomphait de tout : un Jésuite, homme d'esprit, le P. Lemoyne a composé un livre : la *Dévotion aisée :* M. Carron était ce livre ambulant et agissant.

Il trouva dans sa fabrique, présidée par M. le comte Siméon, un loyal et bienveillant concours.

Le ministère paroissial est exercé à Paris par un clergé dont le zèle, le dévoûment aux œuvres, est au niveau de sa mission. Que d'hommes vénérables, tout à leurs devoirs et dont la vie est l'exercice des plus modestes vertus : dans ce bel ensemble toutefois, la diversité d'origine, la variété d'éducation peut enlever quelque chose à l'unité, et l'administration n'est pas toujours facile, surtout si chacun prend son idéal pour règle, au lieu d'accepter la hiérarchie fixée par le temps et le droit. M. Carron rencontra quelques difficultés : il n'eut pas peut-être toujours à se louer de ceux même auxquels il avait été utile : on se mettait à l'aise pour discuter les actes, sans se rendre compte des difficultés; malgré les obstacles, il n'en était pas moins tout à son ministère.

Dès le matin, avant sa messe, son salon

était rempli des personnes qui venaient le consulter : magistrats, hommes d'affaires, de finance, de politique, écrivains, tous trouvaient en ce prêtre sympathique un accueil bon et charmant. Il y avait en lui une piété, une douceur exquise, un regard pénétrant et aimable : son don était d'inspirer la confiance, le courage, la volonté de bien faire ; il consolait et usait de paroles persuasives; en lui la gravité, la dignité, la modestie s'alliaient avec le sourire. On a dit de saint Romuald qu'il avait une physionomie si gaie, qu'il inspirait à ceux qui le voyaient une sainte joie : M. Carron avait quelque chose de cet aimable don ; si parfois il rencontrait la malignité, le dénigrement ; si le nuage passait sur son front, si l'amertume arrivait à son cœur, bientôt sa piété, jointe à son heureux caractère, ramenait pour lui une sérénité qu'il avait toujours pour les autres.

Pour la tâche imposée à M. Carron, il fallait de l'énergie, une volonté indomptable et qui ne plie ni devant les obstacles ou les fausses interprétations, ni devant les ennemis déclarés ou les amis inintelligents et froids, ni les instruments imparfaits ou rebelles ; il fallait s'user tous les jours, et tous les jours être sur la brèche; mêler les personnages les plus divers : la parole et l'action, l'administration et la correspondance, l'organisation active des œuvres et la régularité des offices ; vivre au jour le jour, préparer l'avenir, employer les qualités des gens, neutraliser leurs défauts, modérer l'action sans briser le ressort, stimuler l'inertie sans froisser les susceptibilités ; ménager les intérêts, les prétentions et l'implacable amour-propre. M. Carron eut à souffrir : son caractère doux, son organisation délicate subit quelquefois de rudes assauts, et quelle que soit la vaillance du cœur, la constitution physique, la santé est ébranlée.

Il trouva cependant parmi ses vicaires paroissiaux des hommes dignes de haute considération. M. Lartigue, curé de Saint-Leu, M. Meignan, depuis évêque de Châlons, M. Moléon, curé de Saint-Denys; M. de Cassan de Floyrac, digne neveu de Mgr Clausel, évêque de Chartres; M. Roche, éloquent aumônier du lycée Louis-le-Grand, à des époques et avec des aptitudes diverses, furent associés à ses travaux.

La mort de son père, arrivée en 1856, fut pour lui une rude épreuve : épuisé déjà par ses travaux à Saint-André, il fut atteint d'une fluxion de poitrine dont les suites donnèrent les plus graves inquiétudes. Un voyage dans le midi fut jugé indispensable. Voici ce qu'à cette occasion lui écrivirent Mgr Sibour, archevêque de Paris, et le maréchal Niel, son voisin à Ville-d'Avray

Archevêché de Paris.

Château de Belle-Eau, près Donzère (Drôme).
9 octobre 1856.

Mon cher Curé, M. Buquet me fait part de la demande que vous faites de vous absenter de votre paroisse pour trouver le repos complet qu'exige votre santé. Non-seulement je vous le permets, mais je vous l'ordonne au besoin, si les médecins le jugent nécessaire. Allez donc, mon cher ami, et que la bénédiction tendre et paternelle que je vous envoie soit le gage de votre prompt et entier rétablissement.

† M. D. Aug., *Arch. de Paris.*

Ville-d'Avray, 20 octobre 1856.

Monsieur le Curé,

C'est avec un bien vif regret que j'apprends votre départ, et par l'espoir que je perds de vous revoir à Ville-d'Avray et par le motif de votre voyage.

Vous faites bien de fuir les brouillards, qui règnent ici tous les jours, pour aller passer votre hiver à Pau. C'est le point de la France que les vents atteignent le moins et un bien admirable pays; j'en ai vu bien d'autres, c'est celui qui m'a le plus charmé ; qu'il vous rende bien vite la santé, et il aura une place bien meilleure encore dans mes souvenirs.

Adieu, mon cher abbé, j'ai été bien sensible au soin que vous avez pris de m'annoncer votre départ. Madame Niel se joint à moi pour vous transmettre tous nos vœux pour votre bon voyage, pour votre prompt rétablissement. Puisque vous nous quittez, laissez loin de nous cette maladie qui est venue nous attrister et qui est le seul chagrin que vous puissiez causer à vos amis.

Votre bien dévoué,
Niel.

A son retour, il reprit avec courage ses travaux habituels, mais voici ce qu'on lit dans une lettre de sa sœur la carmélite :

« Il revenait sans cesse sur le désir de la
« solitude qui le pressait ; s'il était heureux
« de voir le choix que j'avais fait, c'est que

« lui aussi se sentait entraîné vers le Carmel.

« Et cette âme, qui avait faim et soif d'une
« vie retirée du monde, où dans la prière et
« la contemplation, il eût puisé des armes
« pour combattre, dans la chaire de vérité,
« l'ennemi des hommes, cette âme a dû se
« mêler aux bruits, aux flots de ce monde
« qui lui faisait peur. »

Dans une de ces lettres il s'exprime ainsi.

« Ce qu'il y a de plus vivant, de plus
« intime en moi, ce sont mes instincts de
« contemplation et de carmel. Hélas ! hélas !
« dans quel dédale d'affaires et de gens le bon
« Dieu m'a jeté ! » Et ailleurs : » Mon cœur
« soupire toujours vers une vie de solitude
« dont les autorités supérieures me défen-
« dent toujours de suivre l'attrait ; elles en
« répondront. »

Vint un moment où M. Carron, malgré les refus bienveillants du cardinal Morlot, crut devoir se démettre de ses fonctions de curé. Il voulait passer trois ou quatre années dans la retraite la plus profonde, tout entier à la prière et à l'étude : c'était à Ville-d'Avray, dans un ermitage qu'il s'était préparé, qu'il voulait se donner à Dieu dans la solitude : là, les frais ombrages, le calme; ses livres, toujours ses chers livres et sa chapelle, ornée avec autant de goût que de piété, dont le plus bel ornement étaient les deux épées de duellistes qu'il avait désarmés et réconciliés dans le bois de Ville-d'Avray.

Mgr l'évêque de Versailles lui conféra le titre de Vicaire général et témoigna à son nouveau diocésain une bonté toute paternelle : il avait été nommé chevalier de la Légion d'honneur : il trouvait donc là le repos et la dignité, *otium cum dignitate*.

Il n'en devait pas jouir longtemps : et pendant qu'au milieu de sa carrière il pouvait encore espérer de longues années et rendre d'utiles services par l'ascendant toujours croissant des plus religieuses et des plus aimables qualités, il fut tout d'un coup arrêté dans sa course. Les médecins prescrivirent l'exercice, le mouvement : il se décida alors à visiter, dans les montagnes de l'Ecosse, un de ses frères, M. Jules Carron, consul de France à Edimbourg : ni le voyage, ni les soins fraternels ne purent conjurer le mal : celui qui avait quitté ses amis plein de vie encore, revenait mourir à Paris, presque subitement. M. du Guerry, curé de la Madeleine, qui avait plus d'une fois fait appel au zèle et à la parole de M. Carron, dut le préparer à la mort, et M. Bossuet, curé de Saint-Louis en l'Ile, fut son confesseur plein de bonté : M. Butteux, missionnaire en Amérique, son ancien condisciple, lui rappelait les saintes inspirations, les résolutions chrétiennes de la première éducation et la confraternité du sanctuaire : il rendit le dernier soupir le premier septembre 1863 : c'était dans la saison où Paris émigre à la campagne : le jour de ses obsèques, il tombait une pluie diluvienne : cependant, un cortége immense remplissait la vaste église de la Madeleine, et il était visible que c'était un deuil pour bien des cœurs : Mgr Buquet, évêque de Parium, et M. le chanoine La Garde, voulurent bien représenter l'administration diocésaine aux derniers honneurs rendus à un prêtre plein de zèle, de travaux et de bonnes œuvres.

M. Carron a laissé de vifs et doux regrets. Que de mères brisées par la douleur, d'époux désunis, de cœur flétris par les passions, d'intelligences égarées dans le doute, l'hostilité, il avait ramenés à la consolation, à la paix !

O vous qui étiez de son troupeau, qu'il aima, qu'il encouragea, soyez fidèles à sa mémoire, fidèles à ses avis : espérons que Dieu a traité avec miséricorde celui qui a tant prêché et exercé la miséricorde : voici une de ses dernières paroles; elle est touchante :

« On m'a reproché d'avoir été trop facile, « d'avoir trop exalté la miséricorde ; eh « bien ! mon Dieu, si j'ai péché en cela, « voilà une belle occasion de vous venger ; « faites-moi miséricorde. »

Vous prierez pour cette bienveillante âme, vous surtout, Mesdames, à qui de sa part et en son nom, nous avons l'honneur d'offrir, avec nos respects, ces dernières Instructions du curé de Saint-André.

PAULIN DU CHESNE.

A Paris, en la fête de saint André, 30 novembre 1865.

INSTRUCTIONS

PREMIÈRE INSTRUCTION

LA FEMME FORTE.

Secret de sa force. — La femme faible.

Le portrait de la femme forte que nous allons expliquer, est tracé dans le dernier chapitre des Proverbes.

Le livre des Proverbes est un des livres sacrés de l'Ancien Testament, un des livres moraux qui font suite à l'Ecclésiaste et à l'Ecclésiastique. Ce livre a pour auteur Salomon, et, dans ce chapitre qui commence par plusieurs versets ayant rapport aux devoirs de l'homme dans la société, ce grand roi recommande, par sa longue et royale expérience, d'éviter les dépenses folles, la débauche, l'ivrognerie, etc., par un pressentiment de ce que nous avons vu, de ne pas dépenser follement sa fortune pour détruire les gouvernements ; il y a autour de nous certains hôtels qui seraient un témoignage de la sagesse du grand roi.

Voici le texte que nous allons développer dans les conférences suivantes ; vous en apprécierez le plan dès aujourd'hui.

10. Une femme forte, qui la trouvera? Son prix est au-dessus des pierres précieuses.

11. Le cœur de son mari s'appuie sur elle ; elle n'aura pas besoin de dépouilles.

12. Elle lui rendra le bien et non pas le mal pendant tous les jours de sa vie.

13. Elle a cherché la laine et le lin et elle a travaillé avec empressement et industrie.

14. Elle est comme le navire du marchand qui apporte son pain de loin.

15. Elle s'est levée quand il est encore nuit pour donner de l'ouvrage à ses serviteurs et le règlement à ses servantes.

16. Elle a considéré le champ voisin et elle l'a acheté du fruit de ses mains; elle a planté une vigne.

17. Elle a ceint ses reins de force; elle a affermi son bras.

18. Sa maison s'est enrichie, et elle n'éteindra pas sa lampe pendant la nuit.

19. Elle a porté sa main à des choses fortes, et ses doigts ont pris le fuseau. Elle a ouvert sa main au pauvre, elle a étendu ses bras vers l'indigent.

20. Elle ne craindra pas pour sa maison ni le froid ni la neige, parce que tous ses do-

mestiques et ses enfants ont un double vêtement.

21. Elle s'est fait une robe précieuse; elle est vêtue de lin et de pourpre.

22. Son mari sera considéré lorsqu'il sera assis dans un conseil.

23. Elle a fait de la toile et elle l'a vendue; elle a donné une ceinture à ses serviteurs.

24. Elle est revêtue de force et de beauté, et elle rira au dernier jour.

25. Elle a ouvert sa bouche à la sagesse, et la loi de bénignité est sur sa langue.

26. Elle a considéré les sentiers de sa maison, et elle n'a point mangé son pain dans l'oisiveté.

27. Ses enfants l'ont proclamée bienheureuse, et son mari l'a louée.

28. Beaucoup de filles ont amassé des richesses, et vous les avez toutes surpassées.

29. La grâce est trompeuse, la beauté est

vaine; la femme qui craint le Seigneur est celle qui sera louée.

30. Ses œuvres et le fruit de ses mains la loueront au dernier jour.

———

La femme forte que le Saint-Esprit décrit ici est la femme parfaite, de même que l'homme juste est l'homme parfait dans l'Écriture ; juste, parce qu'il remplit tous ses devoirs envers Dieu, le prochain et lui-même. A l'homme sont destinées les occupations de la vie du dehors, à la femme les devoirs de l'intérieur. Le Saint-Esprit l'appelle forte quand elle est parfaite, parce qu'elle doit être forte vis-à-vis Dieu, fidèle à ses promesses ; forte pour soutenir son mari, diriger ses enfants, ses serviteurs ; forte dans tous les détails de l'administration, du gouvernement de son intérieur; forte vis-à-vis elle-même, parce qu'elle domine ses passions.

La femme forte est parfaite à l'égard de Dieu, et c'est pour cela qu'elle sera louée; elle est parfaite dans ses exercices de piété, parfaite envers son mari d'abord, qui a confiance en elle et s'appuie sur elle; on ne s'appuie pas sur une femme légère : c'est un roseau qui plie et perce la main; parfaite vis-à-vis ses enfants, qu'elle élève bien, aux besoins desquels elle pourvoit avec vigilance et avec bonté; elle les dirige, elle sait plus tard les conduire et placer dans le monde, elle les soutient alors qu'ils y ont trouvé leur place. C'est la femme forte dans tous les âges, dans tous les degrés et dans toutes les positions de la société. Elle est parfaite par rapport à elle-même, la loi de la clémence est toujours sur ses lèvres; elle sait occuper son temps, elle n'est jamais oisive : sa vie est réglée de manière à répondre à tous ses devoirs, et quand elle les a tous remplis, elle ne croit pas encore sa tâche accomplie; elle réserve une large part de son cœur, de ses biens et de son temps, pour ceux qui sont pauvres et souffrants. Aussi ses enfants, son mari, ses serviteurs, tout le monde la loue; quand elle meurt sa mort est douce, après sa vie sa mémoire est une bénédiction qu'elle a laissée pour nous derrière elle; elle sera la joie et l'exemple de tous ceux qui ont conservé son souvenir. Voilà la femme forte de l'Écriture, et vous voyez que cette femme forte n'est pas un être imaginaire; ce n'est pas une sainte remplissant les devoirs héroïques ou étonnants d'une vocation spéciale; la femme forte, telle que nous venons de la voir, est dans la même position que nous; elle a mêmes obstacles, mêmes obligations, mêmes peines, mêmes chagrins, mêmes difficultés dans sa vie. La femme forte, vous l'avez quelquefois rencontrée dans votre vie, et j'espère qu'après avoir étudié ce précieux portrait, vous aurez plus de courage pour l'imiter.

La femme forte est plus précieuse que tous

les diamants qu'on va chercher au loin? Expliquons ces premiers mots : elle est d'abord précieuse parce qu'elle est un grand bien par elle-même; elle a une grande valeur par toutes ses vertus et ses qualités, puis quand elle va dans le monde, elle est un ornement pour son mari et pour sa famille; c'est encore, selon l'explication d'un saint docteur, parce que quand arrivent les jours de détresse, d'affliction, de misère, la femme forte est un trésor plus précieux que le diamant : parce quelle supporte tout et répond à toutes les difficultés extérieures. Voilà la femme forte d'après le portrait que Dieu nous en fait dans les saintes Écritures, par la bouche du grand et sage roi Salomon.

Voyons, à côté d'elle, quelle est la femme forte selon le monde? On l'appelle d'un nom que je ne puis répéter ici, mais parce que le lion est le symbole de la force, on y a trouvé des ressemblances bien tristes pour elle. Tertullien, dans son énergique langage, l'appelle un animal de volupté et de vaine gloire; elle peut être forte en peinture, en sculpture; elle peut avoir de l'esprit, beaucoup de qualités brillantes, mais elle n'a pas celles qui font le bonheur de la vie, la force d'un intérieur.

En quoi consiste la force de la femme chrétienne? En trois choses : à remplir parfaitement ses devoirs; à supporter avec énergie ses peines; il y en a dans toutes les conditions et pour chacun dans la vie; à résister aux tentations.

A remplir ses devoirs avec perfection dans son intérieur. C'est ici que vous avez pour modèle, pour symbole la vie entière de la bienheureuse Vierge dans son intérieur de Nazareth. Nous pourrions nous y arrêter avec bonheur, la contempler dans tous les détails du ménage, nous trouverions la femme forte par excellence, qui ne se dément jamais; heureuse toujours de la vie cachée, habituelle et modeste des devoirs de chaque jour. Cette grande leçon de la bienheureuse Vierge, elle la médite et l'imite dans la vie ordi-

1.

naire ; elle en remplit avec joie les obligations.

Elle supporte toutes ses douleurs. Nous en avons un exemple admirable dans cette mère dont l'Écriture nous montre l'énergie, la mère des Machabées, qui eut le courage de mourir sept fois par la mort de ses fils, dit un Père de l'Église, avant de mourir elle-même : image de Notre-Dame des Sept-Douleurs au pied de la croix.

Elle résiste à toutes les tentations. Après avoir retrouvé dans nos souvenirs d'enfance le récit de la chasteté de Suzanne, nous invoquerons Marie, par laquelle nous écraserons la tête du serpent. Voilà la femme forte dans toute sa vie, dans ses devoirs, dans ses douleurs, dans les tentations : elle résiste, elle supporte, elle agit. Mais où est le secret de cette force? Cette force date de sa naissance; ce sont ses père et mère qui ont développé en elle cette foi, cette volonté droite, ce cœur ferme dans les principes qui font qu'aux années du développement, ces germes prennent racine dans une bonne terre, et deviennent des vertus solides, des principes inébranlables. Voilà pourquoi la femme forte est énergique, c'est qu'elle a pour règle de sa vie des vertus et des principes; tout est établi sur le roc par l'éducation, par l'exemple et les traditions de famille. Tels sont les trésors que vous devez conserver dans votre âme et autour de vous. Voilà pourquoi une des occupations les plus douces et en même temps des plus pénibles est l'éducation des enfants, déposant dans le cœur des générations qui arrivent tous ces bons et pieux principes qui font qu'elles supporteront leurs peines et vaincront leurs tentations.

Remarquez bien que la femme forte n'appartient pas à une position particulière. D'après le portrait que nous offre la sainte Écriture, elle peut être reine ou bergère, régente, princesse, mère de famille obscure, femme d'un ouvrier, d'un fermier. Quand un fermier fait l'éloge de sa femme, il dit : c'est une femme vaillante qui n'est jamais fatiguée, toujours levée avant le jour, toujours ardente au travail : donc la femme forte est de toutes les conditions, de toutes les positions de la hiérarchie sociale.

Nous en trouvons plusieurs modèles dans l'Ancien Testament; dans le Nouveau, nous vénérons la Vierge forte par excellence, celle que l'Église appelle aussi Tour d'ivoire parce qu'aucune tentation n'a pu effleurer son âme.

Si nous suivons les pas du Sauveur, nous trouvons plusieurs saintes femmes dont l'Église a écrit le nom dans le calendrier des saints : dans la famille même du Sauveur, la mère de Jacques et de Jean, fils de Zébédée, Salomé, Marie, Cléophie, partageant les fatigues du Sauveur, fournissant à ses besoins, dévouées aux pauvres et fidèles à la mission de secourir et d'instruire.

Cette génération de saintes femmes nous la rencontrons encore dans les catacombes; héroïnes qui allaient au prix de leur vie arracher aux persécuteurs, à la dent des bêtes à peine rassasiées, les restes précieux des martyrs pour les emporter dans les catacombes. Elles n'en sortaient, femmes admirables, que pour exercer les œuvres de miséricorde envers les pauvres qu'elles allaient chercher au milieu des païens.

Cette génération de saintes que nous montre l'Église dans la suite des siècles et à laquelle appartiennent des princesses comme Élisabeth de Hongrie, de pauvres filles, de pauvres servantes, de pauvres bergères, à côté d'elles, ces humbles héroïnes de la charité, qui remplissent tous les devoirs de la vie chrétienne, qui supportent avec patience et résignation toutes les peines et savent résister à toutes les tentations.

Voilà la femme forte dans toutes les positions : disons maintenant le secret de sa force, les principes fermes et solides qui sont les fondements de son âme, la lecture des saintes Écritures, l'audition de la parole de Dieu. Ce qui fortifie les enfants, c'est tour à tour la nourriture, l'exercice, le sommeil ; l'âme, elle, a aussi son sommeil au pied de l'autel; elle se repose dans la prière, dans la contemplation de Dieu, de ses œuvres et de sa bonté pour nous; dans la méditation des bonnes paroles entendues, dans la lecture des livres pieux, non pas la lecture qui absorbe le temps des devoirs de la vie, mais une lecture sérieuse, quotidienne, courte, solide, véritable repos pour notre âme; puis comme conséquence de cette lecture, la méditation faite avec goût. Le goût, vous le savez, est cet appétit de l'âme qui donne une singulière saveur à ce que nous lisons; les sources de sa force sont la prière, la lecture et la méditation. Elle la trouve surtout en recevant les sacrements qui nous purifient, en venant à la table de Dieu pour y prendre ce pain que l'Écriture appelle le pain des forts; ensuite aux pieds de la bienheureuse Vierge, nous trouvons protection et exemple; là, par une prière fervente, la femme obtient les bénédictions et les grâces qui la rendent mère admirable dans les devoirs, Tour d'ivoire dans les tentations, femme forte dans toutes les difficultés de la vie.

Le portrait de la femme faible selon le monde en opposition avec le portrait de la femme forte de l'Écriture sainte, nous fera mieux comprendre par son opposition ce que nous cherchons à expliquer.

Le monde et les réalités de la vie nous montrent la femme faible. Qu'est-ce que la femme faible? Faible d'abord de santé, faible d'esprit, faible de cœur, faible de caractère. La femme est forte de corps, non pas peut-être qu'elle ne soit délicate, mais, malgré sa délicatesse, elle fait plus qu'une femme vaillante; son dévoûment, son ardeur pour son devoir, sa tendresse pour son mari, pour ses enfants, font qu'on la croirait forte de santé; l'énergie de son âme donne de l'énergie à son corps débile et souvent chancelant. La femme faible est toujours à se plaindre de sa santé : elle en parle à tout le monde; elle a des nerfs, ces pauvres nerfs sont cause de tout, l'obstacle à tout, ils excusent la non-observation des devoirs religieux et des convenances de la société. Elle a toutes sortes de caprices et ensuite des langueurs. La femme faible est faible, pourquoi? Parce qu'elle ne donne pas de nourriture à son âme, et qu'au lieu de la reposer dans la prière et la méditation, elle la surexcite et l'amollit par la lecture des romans, par les flatteries, par les compliments qu'elle écoute et qu'elle provoque. Ce qui l'affaiblit, c'est qu'elle se complaît en elle-même, s'amollit par tout ce qu'elle ne fait pas; aussi, au lieu de conserver le peu d'énergie et de santé qu'elle peut avoir et que donne la régularité de la vie, elle perd le peu de forces que Dieu lui a départies, et elle se trouve impuissante à supporter, quand elles arrivent, les peines, les afflictions, les maladies.

Forte d'esprit, non pas qu'elle soit un esprit fort; un esprit fort, c'est une contradiction surtout dans une femme. La force de l'esprit et même la force du génie consiste à se soumettre à Dieu, à accepter la loi de l'Évangile avec respect, et, quand vous le faites, vous vous placez près des grands génies de tous les siècles qui se sont inclinés avec foi et admiration devant la Croix et l'Évangile.

Elle est forte, en ce sens qu'elle ne se laisse pas abattre, qu'elle prévoit tout, qu'elle est vigilante contre les dangers, non-seulement pour elle-même, mais pour ses enfants, pour ses domestiques; qu'elle a tout prévu et mis en ordre.

Elle est forte de cœur et de caractère; elle a de l'énergie sans raideur; elle a de la force et de la suite; elle sait ce qu'elle fait; elle arrive au but avec le temps et la patience, malgré les difficultés et les obstacles; elle a ce que Dieu donne à ses enfants. L'esprit des enfants de Dieu, c'est l'esprit de Dieu lui-même, c'est la sagesse, c'est l'énergie et la force, mais en même temps c'est la suavité dans les moyens : la suavité, c'est encore plus que la douceur, c'est une onction intérieure, qui adoucit ce que des paroles énergiques ou des démarches nécessaires pourraient avoir de raide ou de blessant.

Au contraire, la femme faible a l'esprit faible; elle se croit beaucoup d'esprit, mais elle n'a rien de sérieux, elle n'est pas même raisonnable, sensée; sa pauvre raison est aussi emportée par ses nerfs, par les caprices ou les orages de son cœur; son pauvre esprit est semblable à une lumière vacillante. Ah! si elle avait la foi, elle serait éclairée dans les sentiers de la vie par la lumière d'une haute raison, que rien ne peut remplacer sur la terre! elle est faible dans son cœur : je n'entre pas ici dans les détails; mais vous savez tout ce que son cœur a de faiblesses : elle ne peut modérer ses affections, ses haines; elle se laisse entraîner dans les désordres en disant : je voudrais résister, mais c'est trop difficile; je ne puis pas, c'est plus fort que moi : elle est découragée, elle est amollie; le secret de sa faiblesse, c'est qu'elle ne nourrit pas son âme par le pain des forts, c'est qu'elle ne la repose pas dans la prière; de là, il résulte qu'elle est faible dans l'accomplissement de ses devoirs; je viens de le prouver. Faible dans la douleur; je vais prendre mes exemples dans la sainte Écriture. Deux femmes ont laissé triste mémoire dans les Écritures, vous les connaissez : la femme de Job et celle de Tobie, qui, alors que ces deux patriarches furent éprouvés par la main du Seigneur et frappés d'affliction, cherchaient à aigrir leur cœur contre la Providence de Dieu, notre Père. La femme de Job et celle de Tobie venant dire : Où est donc maintenant notre Dieu? n'étaient point des femmes fortes, de ces femmes sur lesquelles le cœur d'un mari puisse s'appuyer dans les moments d'affliction. Elles étaient faibles devant l'épreuve et la douleur. La femme forte sait non-seulement se résigner, mais répandre la résignation dans le cœur de ceux qui l'entourent.

Faible contre les sens. C'est à cela, mes frères, que se rapportent ces histoires que la chaire sacrée nous rappelle si souvent et d'une manière si pratique : l'histoire de la femme adultère, l'histoire de Madeleine, l'histoire de la Samaritaine, et toutes ces faiblesses de l'Évangile, que vous connaissez et auxquelles la grâce de Dieu apporte un remède en rendant fortes celles qui ont été faibles, en régénérant les âmes, en leur offrant dans les sacrements le secret d'une énergie nouvelle, le secret de la réparation et du renouvellement du cœur.

Je ne vais pas plus loin dans cette histoire de la faiblesse du cœur. La femme, elle est bien grande dans sa perfection; elle est presqu'un ange par la pureté et la douceur; et la femme dans ses dégradations et ses ignominies, elle est trop souvent l'instrument du démon. La femme forte est la plus grande bénédiction que Dieu puisse accorder à une famille, mais il vaut mieux habiter avec un dragon et un scorpion, qu'avec une femme méchante; vous choisirez entre ces deux femmes.

En terminant, nous développerons les derniers mots du portrait que nous venons de lire : C'est elle qui sera louée.

Quelle est la femme que vous louez dans votre cœur? Vous dites de certaine femme : elle ne mérite ni éloge ni blâme? Tant mieux, ses mérites sont devant Dieu, et vous ne les connaissez pas. Vous dites d'une autre : elle est très-élégante, bien habillée! C'est un triste éloge, il suffit d'avoir une aussi habile couturière pour obtenir les mêmes louanges! Quelle est la femme louée dans le monde? Malheureusement dans le monde, dans la société, dans les romans, dans les théâtres, partout on tend à vouloir prouver que la femme vertueuse est une femme nulle et sans mérite; que la femme qui a vraiment du cœur, du dévoûment, c'est la femme au contraire qui mérite des romanciers. Voilà celle qu'on loue, que l'on trouve parfaite. Pour nous, nous louons et vous louez avec la sainte Écriture celle dont nous venons de lire le portrait; nous méditerons chacun de ses traits, chacune de ses qualités en les imitant; après les avoir comprises et goûtées, vous n'aurez peut-être pas les éloges du monde, peu vous importera, je l'espère, mais vous aurez les éloges de votre mari, de vos père et mère si vous êtes jeune fille, les éloges de tous ceux qui vous connaîtront : ces éloges qui survivent à toutes les calomnies, à toutes les médisances et à toutes les méchancetés; ces éloges qui feront votre consolation, qui triompheront non-seulement des méchancetés mais même du temps, et quand le dernier jour sera venu, la femme forte mourra avec consolation, je dirai presque avec joie, après avoir reçu les bénédictions de Dieu et les avoir répandues autour d'elle. Elle aura déjà disparu depuis longues années que les générations se répéteront les unes aux autres son nom avec louange, tandis que celle qui aura été la honte et l'ignominie de sa famille, mais qui aura brillé par les agréments extérieurs, sera depuis longtemps oubliée si elle n'a pas été maudite et détestée par ceux auxquels elle n'aura laissé qu'un héritage d'infamie.

Demandons à Dieu la grâce qui fortifie, qui nous rend forts pour l'accomplissement de nos devoirs, forts dans les tentations, forts dans les douleurs de la vie; et j'ai le droit d'ajouter cette dernière parole, forts après vos fautes pour savoir vous relever et trouver dans le pardon de Dieu, la force, l'énergie d'une vie nouvelle et sainte.

Ainsi soit-il.

DEUXIÈME INSTRUCTION

SUR LA FEMME FORTE

Son gouvernement.— Son mari.— Ses enfants. Ses serviteurs.

Nous avons dit ce qu'était une femme forte d'après l'Écriture et ce qu'était une femme faible. Forte de santé ou au moins forte dans son âme malgré la délicatesse de son corps; forte dans son cœur pour remplir ses devoirs; forte pour supporter toutes les peines; forte pour résister à toutes les tentations. Nous avons trouvé le secret de sa force dans la méditation, dans sa foi, dans ses principes solides et sa piété invariable. Nous avons mis en regard la femme faible dans l'accomplissement de ses devoirs, découragée, nerveuse, et toujours capricieuse. La femme faible dans les afflictions, murmurant comme la femme de Tobie ou celle de Job, la femme faible dans les tentations. Nous avons jeté un voile sur sa conduite et nous avons, pour la rendre forte dans son repentir, montré, auprès du Sauveur, la Samaritaine, la Madeleine et la femme coupable. Nous continuons, et, pour prendre les choses avec ordre, pour faciliter vos réflexions qui deviendront nombreuses, nous allons expliquer le gouvernement de la femme forte : ce qu'elle a à gouverner.

Elle doit gouverner des personnes et des choses ; les choses sont sa maison ; ce sont les détails de son ménage ; elle travaille le lin, la laine, etc. Prenons les personnes et quelles sont ces personnes que la femme forte doit gouverner! C'est d'abord son mari. Le cœur de son mari s'appuie sur elle avec confiance. Ses enfants l'ont proclamée bienheureuse et son mari l'a louée.

Nous allons parler des devoirs de la femme forte envers son mari, ses enfants et ses serviteurs.

Avant de commencer, je veux donner une réponse générale aux objections d'impossibilité qui s'élèveront dans le cœur de plusieurs pendant cet entretien. Mon mari est insupportable, mes enfants indociles ; les serviteurs, on ne peut plus se faire servir aujourd'hui.... tels sont avec bien d'autres les prétextes que vous mettrez en avant; je vous demande d'écouter sérieusement et quand vous rentrerez dans votre maison, vous verrez s'il n'y aurait pas une meilleure impulsion dans votre intérieur, une direction plus efficace à donner à votre caractère, quelque modification à apporter dans vos devoirs envers votre mari, vos enfants, vos serviteurs, changement qui rendrait les choses supportables, meilleures et peut-être parfaites. Vous verrez sur ces trois points à corriger ce qui pourrait être de votre faute, ce sera un premier remède.

La femme forte gouverne son propre cœur pour le tourner vers Dieu ; c'est là qu'elle trouve appui, force, courage, c'est à lui qu'elle rattache ses devoirs et sa vie. Nous parlerons bientôt de la piété de la femme forte et nous expliquerons cette parole touchante du livre de la Sagesse. « Elle a gouverné son cœur vers le Seigneur. » Parce que c'est le Seigneur qui lui a donné son mari, ses enfants et ses serviteurs. L'époux de la femme forte doit la gouverner, mais elle est gouvernée elle-même par celui qui nous gouverne tous, par Dieu qui façonne son cœur; celui qui ne veut pas se laisser gouverner n'est pas un enfant de Dieu. Dieu gouverne par lui-même, il gouverne encore par l'autorité religieuse et l'autorité civile qu'il a lui-même constituées. Nous devons tous, si nous voulons être enfants de Dieu, être enfants d'obéissance, si grands ou si petits que nous soyons, nous obéissons tous à quelqu'un; ceux qui nous gouvernent de plus haut commencent d'abord par obéir eux-mêmes; dès que vous gouvernez quelqu'un vous êtes chargés de veiller aux intérêts, de pourvoir aux besoins de cette personne. Prenons un exemple, dans la hiérarchie des êtres les plus inférieurs, le paysan vis-à-vis de son bétail est chargé de le gouverner, il faut qu'aucun de ses animaux ne manque de rien. Avant que le villageois qui les gouverne puisse prendre son repos il doit avoir pourvu à tous les besoins de son troupeau. Voilà une grande leçon pour tous ceux qui gouvernent. Vous êtes chargés de gouverner; cela ne veut pas dire seulement que vous avez la prééminence mais bien que vous êtes les serviteurs de tout le monde et que tous ceux que vous gouvernez vous devez les servir et n'être satisfait et en repos que lorsqu'ils sont pourvus de toutes choses et qu'ils ont accompli leurs devoirs. Voilà pourquoi le Souverain-Pontife, celui qui gouverne au spirituel tous ceux qui nous gouvernent, prend le nom de serviteur des serviteurs de Jésus-Christ. Tous ces voyageurs qui visitent la ville éternelle avec des sentiments souvent trop peu chrétiens, ayant été reçus par le Souverain-Pontife, admirent la bienveillance du père commun envers ses enfants, secourant ceux qui sont dans l'affliction ; bénissant chaque personne, chaque famille, entrant dans les peines et les besoins de chacun, se faisant ainsi le serviteur de tous.

Souvenez-vous donc, vous qui gouvernez quelque chose ou quelqu'un, que vous êtes les serviteurs de ce que vous gouvernez.

Ce principe posé, rappelons-nous l'origine des choses et la première page de l'histoire de l'humanité, la création de l'homme. L'homme fut d'abord créé à l'image de Dieu, la femme créée après l'homme, créée moins parfaite que lui ; créée pour être, rappelez-vous le mot du Seigneur, l'aide de l'homme ; pour l'aider à supporter le fardeau de la vie et non pas pour l'aggraver, et non pas pour tourmenter l'homme et être une charge de plus pour lui. La femme créée après l'homme, égale à l'homme, mais un peu au-dessous de lui, devait être gouvernée par l'homme, mais aussi protégée, défendue par lui, même au prix de ses sueurs et de son sang.

Après la création vous vous rappelez la chute : écoutez la voix d'un docteur de l'Église qui nous dit : « Ève a été punie plus sévèrement qu'Adam parce qu'elle a péché plus gravement que lui. » Ève a succombé à la tentation et a été séduite ; mais après avoir été séduite, Ève est devenue séductrice ; elle a entraîné Adam et voilà pourquoi le Seigneur lui infligea une peine plus sévère. Rappelez-vous la manière dont fut acceptée la sentence. Vous êtes aussi quelquefois dans votre gouvernement obligé d'infliger des châtiments ; Qu'arrive-t-il ? ce qui arriva lorsque Dieu demanda quel était le coupable, ce n'est jamais personne ; Adam rejeta la faute sur Ève en disant : Seigneur, la femme que vous

m'avez donnée pour compagne m'a trompé ;
Ève fit retomber la faute sur le serpent. Vous
voyez que l'on rejette toujours les fautes les
uns sur les autres ; c'est la première page de
notre histoire. Les choses n'ont pas changé.
S'agit-il d'un petit malheur, d'un vase brisé
dans votre intérieur, ce n'est la faute de per-
sonne. Dieu punit Adam, Ève et même le serpent; il promet à la première femme qu'un
jour il viendrait un Sauveur et qu'une femme
écraserait la tête du serpent. Voilà pourquoi
nous nous agenouillons aux pieds de la bienheureuse Vierge bénie et choisie de Dieu pour
écraser le serpent. Dieu dit à l'homme : Tu
mangeras ton pain à la sueur de ton front; et
à la femme : Tu enfanteras dans la douleur,
tu seras sous la domination de l'homme;
comme lui, tu auras des peines et des tribula-
tions dans la vie et tu mourras. Voilà notre
condamnation et les devoirs que l'homme et
la femme ont à remplir ensemble ; voilà le
commencement de l'histoire de l'humanité;
la femme créée après l'homme; la femme

ayant séduit l'homme, et la femme, en punition de cette séduction, condamnée à lui obéir.

Donc son gouvernement lui sera transmis dans beaucoup de choses par son époux; mais elle a cependant elle-même une large part dans tous les devoirs de la vie d'intérieur. Quelle est cette part? Mes Frères, remarquez la délicatesse du texte sacré; il nous dit : « Le cœur de son mari s'appuie sur elle. » Le texte ne dit pas : elle appuie son cœur sur le cœur de son mari.

Le devoir du mari c'est d'être le protecteur de sa femme, d'être son appui, et voilà pourquoi au pied de l'autel, quand les époux viennent pour demander la bénédiction, ils se donnent la main l'un à l'autre, et quand ils s'en vont, ils se donnent le bras. La femme s'appuie déjà sur son mari, c'est pour dire que, dans les peines et les fatigues, dans les moments de lassitude, elle trouvera en lui toujours la force, le soutien : il trouvera en elle l'appui du cœur, la consolation, l'épanchement et aussi marcheront-ils forts et dans la joie ou la tristesse s'ils remplissent avec amour leurs devoirs réciproques.

Quels sont ces devoirs? Je les résume en peu de mots : l'union qui vient d'être contractée au pied de l'autel a uni deux cœurs, deux vies, deux volontés, deux esprits ; il ne doit plus y avoir qu'un seul cœur, une seule volonté, un seul esprit, une seule direction dans la famille. C'est de là que découle ce devoir réciproque de soutien l'un pour l'autre ; le mari soutient sa femme et la femme aide son mari. Son mari remplit vis-à-vis elle tous ses devoirs, il la protége, il la respecte, parce qu'elle est sa compagne, et voilà ce qu'on oublie trop souvent dans le mariage; ces devoirs si élevés qui font l'union et le bonheur de la vie dans le mariage : respect, affection et dévoûment. Si ces devoirs étaient bien remplis, mes Frères, comme la chaîne de la vie serait moins lourde! Alors que l'orage arriverait, il trouverait deux créatures liées, entrelacées par l'affection l'une à l'autre, et, par cela même, capables de résister à toutes les tempêtes, à toutes les difficultés de la vie. Si l'on était toujours deux pour supporter le fardeau, il serait plus léger ; si l'on était deux pour partager la joie, elle se doublerait ; mais si l'on est à lutter, alors il n'y a plus de confiance, plus de sympathie, plus de dévoûment, et trop souvent, malheureusement, il n'y a plus ni amour ni respect ; il n'y a plus que grossièreté, quelquefois dégoût, antipathie, haine de l'un pour l'autre. « Le cœur de son mari se confie en elle. » Cela veut dire que son mari trouve en elle son appui ; au mari Dieu a dévolu le soin des choses extérieures, tous les embarras de la vie du dehors, le dégoût des affaires, les amertumes de la vie publique, la part du mari est dure à accepter, pénible à remplir. A la femme, Dieu a dévolu tous les devoirs de l'intérieur, et ces devoirs font sa consolation et son bonheur ; c'est elle qui doit distribuer au mari le bonheur et la consolation quand il revient de cette vie difficile des affaires et du travail du dehors; qu'il revienne de la place publique où il a traité de graves affaires, de la tribune ou du conseil des rois ou qu'il vienne de supporter le poids de la chaleur sur les rudes sillons, il doit toujours, dans son intérieur, trouver un visage ouvert, une âme sereine, un cœur plein de tendresse prêt à l'accueillir et à lui faire oublier les fatigues et les peines du dehors. Voilà pourquoi le cœur de son mari s'appuie sur elle.

Il s'appuie sur elle si elle donne sécurité sur sa conduite à son mari. C'est par le soupçon que commencent les animosités, les jalousies, les aigreurs, les discordes que vous ne connaissez peut-être que trop. Que la confiance réciproque s'établisse entre vous; oubliez, pardonnez si vous voulez que Dieu vous pardonne, alors vous marcherez dans la paix et le bonheur. J'abrége ces salutaires réflexions, puisqu'il faut parler des enfants et des serviteurs, mais je ne terminerai pas ce sujet sans vous rappeler que le jour où l'église vous a bénis au pied de l'autel, elle vous a consacrés au bonheur l'un de l'autre, que par conséquent il n'y ait ni soupçon, ni haine, ni dissension parmi vous, mais union en tout et partout, c'est votre devoir et aussi votre bonheur.

Les enfants : la femme forte est heureuse d'avoir des enfants ; elle présente à Dieu, dès qu'elle se sent mère, le fruit de ses entrailles, dans une fervente prière, elle l'offre au Seigneur ; elle a soin, au lieu de murmurer contre le châtiment de la première faute, contre les douleurs souvent bien graves de la maternité, de bénir Dieu et de se réjouir de ses douleurs comme dit l'Évangile, parce qu'elle sait que bientôt elle mettra un enfant au monde ; chacun de ses préparatifs a été une prière ; dès sa naissance, après l'avoir elle-même offert avec action de grâces au Seigneur, elle lui fait recevoir le caractère d'enfant de Dieu dans le baptême et elle commence avec ardeur à remplir ses devoirs envers cette petite créature que Dieu lui a confiée et qu'elle veut élever.

Ce mot élever, rappelons-nous-le, nous vient des Romains. Dans cette barbarie civilisée, quand la mère mettait son enfant au jour, on le portait aux pieds du père, si l'enfant était difforme, faible, ou si le père trouvait que le nombre de ses enfants fut suffisant, il le refusait et on l'emportait pour le jeter à la voirie. Si, au contraire le père se baissait et élevait son enfant, le prenant dans ses bras, s'il le serrait sur son cœur on le remettait à une servante pour l'élever. Élever un enfant, vous savez tous les devoirs qu'exige, qu'entraîne ce mot; sollicitude de jour et de nuit; aussi le verset de la sainte Écriture dit : que la lampe de la femme forte ne s'éteint pas pendant la nuit. Je sais qu'il y a des femmes faibles dont la lampe ne s'éteint pas pendant la nuit, dont la maison est éclairée toute la nuit jusqu'à ce que vienne le grand jour, mais ce n'est pas d'elles que je parle aujourd'hui. Je parle de la femme forte vis-à-vis ses enfants, qui sait se réveiller pendant la nuit pour calmer leurs petits cris et leurs gémissements, car déjà eux aussi ils souffrent dès leur entrée dans la vie.

Élever ses enfants, c'est pourvoir à leurs besoins; éducation matérielle, éducation spirituelle, habitudes à leur faire prendre; ici je laisse de côté les conseils relatifs à l'hygiène souvent trop molle, relatifs à l'éducation du caractère, de l'esprit; relatifs au choix de l'état ou du métier à donner à l'enfant, pour vous dire, pères et mères, qu'il y a un point où vous ne devez compter que sur vous-mêmes, parce qu'il n'y a personne de plus habile et de plus capable que vous de toucher le cœur de votre enfant. Aux autres, si vous le voulez, l'esprit, les sciences, les devoirs de la profession; mais à vous de former son cœur; vous surtout vous pouvez avoir de ces paroles qui sortent du cœur et vont au cœur; à vous de donner ces impressions salutaires qui gravent les devoirs que doit remplir un enfant envers Dieu, ses parents et la société tout entière. Oui, pères et mères, à vous je le répète, l'éducation du cœur de l'enfant, vous surtout vous pouvez développer sa tendresse envers Dieu et envers vous-mêmes, arracher quand ils sont à peine apparents dans ces petits enfants, toutes ces jalousies personnelles, tous ces petits égoïsmes. Si le cœur du mari d'une femme forte s'appuie sur elle, le cœur de l'enfant s'appuie aussi sur le cœur de sa mère, et ces deux cœurs sauront se comprendre... Il y a toujours au cœur d'une mère un langage qui s'adresse au cœur de l'enfant; quelles que soient ses afflictions ou ses fautes, le cœur de sa mère sera toujours ouvert pour lui alors même que celui de son père lui serait fermé; là il trouvera toujours miséricorde, bon conseil et affection dévouée. Mais avançons dans la vie : il ne s'agit plus d'élever les enfants, ni même de les instruire, il s'agit et c'est là le grand embarras, dites-vous, il s'agit de les placer dans la vie ! Étudiez d'abord leur vocation; voyez quels sont leurs instincts; ne les laissez pas se développer par la vanité; ne laissez pas un enfant, parce qu'il aura aperçu un costume militaire ou qu'il aura de petites armes pour jouets, dire pendant toute sa vie : je veux être soldat. Sachez diriger ses instincts, développer sa raison et trouver en lui sa véritable vocation, s'il en a une. Ici je parle avec une certaine crainte, parce que j'ai peur que l'on me reproche mes paroles sans les avoir comprises.... Cependant, si Dieu voulait vous faire la grâce, que vous regarderiez peut-être comme un malheur, de prendre dans votre famille un de vos enfants pour en faire son serviteur, sa servante, pour l'appeler à son saint ministère ou pour le consacrer au service des pauvres : Ah! je vous en supplie, ne murmurez pas, ne dites pas : la malédiction est dans ma famille. Si Dieu a la bonté de cueillir un fruit dans un jardin, serez-vous assez téméraires pour le lui refuser.

Si votre enfant se marie, et je remets à vous parler plus tard à propos du sacrement de mariage, des mariages d'inclination, des mariages d'argent et autres de tant de sortes, ayez soin de prier Dieu; mettez Dieu de votre côté; ne cherchez pas seulement la fortune, l'aisance, les qualités, la distinction, mettez Dieu dans vos pensées et dans vos projets; alors sa main enverra la lumière dans votre esprit, vous découvrirez à temps des choses que vous auriez été bien malheureux de découvrir plus tard; vous n'irez pas en aveugles comme il arrive souvent, ou bien la cupidité et la vanité ne vous feront pas courir après ce qui est brillant. Vous consulterez Dieu pour un mariage à faire et quand il sera fait, vous tâcherez de le maintenir avec l'aide de Dieu. C'est ici que je réclame toute l'expérience, toute la maturité de l'âge vis-à-vis des jeunes ménages où il y a souvent de graves difficultés, je réclame de la part des grands parents cette prudence, cette prévoyance que donne toujours un âge plus avancé. Voilà pourquoi la vieillesse est respectable, c'est qu'elle sait beaucoup, qu'elle a beaucoup vu et qu'elle est convaincue que pour être heureux dans le monde, il faut savoir attendre et préparer l'avenir, soit en affection, soit autrement.

Terminons après avoir parlé de son mari et de ses enfants, en disant comment elle gouverne ses serviteurs.

D'après le langage de l'Écriture, les serviteurs sont de la maison, de la famille; voilà pourquoi aussi ils trouvent leur place dans cette instruction. Les serviteurs, vous le savez, chez les gens de condition inférieure, vont s'asseoir à la table de la famille.

Et d'abord, avez-vous des serviteurs? Si vous n'en avez pas, c'est une responsabilité, un embarras de moins pour vous: tâchez, autant que possible, de vous servir vous-mêmes, de vous passer de serviteurs: on n'est jamais mieux servi que par soi-même, et si l'on a à se plaindre de la manière dont on est servi, on n'a qu'à s'en plaindre à soi-même. Si vous avez des serviteurs, c'est une peine, un chagrin, un embarras de plus dans la vie. Il faut d'abord en trouver, il faut ensuite les former et il faut les conserver, il faut même quelquefois les renvoyer.

Il faut les trouver, pour cela il faut les chercher, se renseigner, passer par les difficultés que vous connaissez ; puis, en les acceptant, il faut aussi en accepter la charge ; vous êtes chargés de les nourrir, non pas d'une manière semblable à la vôtre, mais d'avoir soin de leur santé ; de donner le repos nécessaire à leurs corps ; de ne pas faire comme certaines femmes faibles qui ont la force de passer quarante nuits de suite au bal, et qui, rentrant chez elles, ont la cruauté, à cause de leur faiblesse, de réveiller leur femme de chambre deux ou trois heures après qu'elle est allée prendre son repos, pour lui demander la réfection du matin. Il y a, M. F., une injustice grande, des torts graves et aussi des murmures justes de la part de ces pauvres gens que vous devez aimer parce qu'ils sont votre prochain, parce qu'ils sont à votre service. Si vous les aimez, je ne dirai pas qu'ils vous aimeront, mais vous aurez rempli votre devoir, et peut-être s'attacheront-ils à vous. Les bons maîtres font les bons serviteurs. Cette sympathie chrétienne, cette bonne administration, ce gouvernement sage mais modéré, trouvera la sympathie et la reconnaissance de leur cœur, et alors vous serez heureux parce que vous aurez formé de bons serviteurs. Voilà la grande difficulté dans le monde, dans la société actuelle, dans le quartier que nous habitons, ce qui paraît tout à fait impossible. Recueillez-vous et mettez-vous à la place de ces pauvres gens, voyez les privations que vous leur imposez, quelques-uns n'ont pas de famille; jetés dans le monde sans père sans mère, ils ont été privés de ces douces et saintes affections, d'autres ont un père, une mère à soutenir, et ils se sacrifient à ce pieux devoir, le fruit de leur travail passe à leurs parents; quelques-uns mariés sont séparés et sans intérieur, voilà des motifs d'irritation continuelle; de plus, vous avez toutes vos aises, votre table est abondamment fournie, vos heures de repos bien comptées, ils assistent à vos repas, ils vous mènent en voiture, vous trouvez bon d'y être bien commodément, et vous trouvez bon qu'ils soient sur le siége ; vous trouvez bon qu'ils soient derrière vous, lorsque vous êtes à table, tout cela est juste, c'est la hiérarchie sociale, mais tout cela demande de votre part des ménagements, des précautions. Soyons justes vis-à-vis nos serviteurs, mais si Dieu n'était que juste vis-à-vis nous, où en serions-nous ! Soyez bons maîtres. Sachez surveiller vos serviteurs, mais non pas d'une surveillance tracassière, ne soyez pas toujours sur leurs pas, n'exigez pas qu'ils soient gens parfaits. Combien y aurait-il de maîtres qui puissent être de bons serviteurs, s'il fallait être des gens parfaits ? Acceptez les faiblesses humaines, sachez surveiller, mais sans dures exigences, comme la femme parfaite. Elle connaît les sentiers de sa maison : cela veut dire qu'elle connaît les corridors de la maison ; qu'elle sait ce qui se passe à l'antichambre, à la cuisine, dans les chambres de ses serviteurs, elle a l'œil à tout, elle connaît les détails, tout est renfermé dans ces paroles de l'Ecriture : Elle connaît tous les sentiers de sa maison. Sachez ce qui se fait chez vous ; que votre surveillance soit une surveillance intermittente, la surveillance régulière est inutile ; si vous arrivez tous les jours à la même heure, ou dans votre cave, ou dans votre cuisine, ou dans votre écurie, vous trouverez toujours toutes choses en ordre. Voilà pourquoi l'Ecriture dit que la lampe de la femme forte ne s'éteint pas pendant la nuit, car pendant que tout le monde est couché, elle sait veiller ; elle s'assure si les feux sont éteints, si les portes sont fermées, si tout est bien en ordre, s'il n'y a pas quelqu'un de malade. Voilà les devoirs de la femme forte vis-à-vis ses serviteurs.

Résumons, mes frères : le mari de la femme forte trouve en elle confiance, appui, bon conseil ; il ne s'éloigne pas de son intérieur, il y trouve tout ce qui fait les unions parfaites : la confiance, le conseil, l'intelligence des nécessités et des diverses positions de la vie; la consolation dans les peines, l'adoucissement et le courage dans les chagrins de la vie.

La femme forte sait élever ses enfants, leur choisir une direction, réprimer leurs défauts. La femme faible gâte ses enfants, la femme forte les dirige dans le monde, à travers toutes les difficultés de la jeunesse dorée ou de l'atelier : jeune homme ou jeune fille dans toutes les conditions trouvent près d'elle une autorité pleine d'énergie, cette autorité que donne l'expérience de la vie; l'autorité, non de la force, mais du bon exemple, d'une vie parfaite, des devoirs accomplis; cette autorité que regrettait un des plus spirituels académiciens de notre temps, disant que la cause du mauvais ton de la société et de la grossièreté des jeunes gens, c'est qu'il n'y avait plus les fières marquises d'autrefois pour donner le coup d'éventail à ces mal appris. La femme forte arrive à la vieillesse entourée du respect et de l'affection de tous. Elle devient clef de voûte, sur elle s'appuient les enfants de ses enfants, elle est bénie selon la parole de la sainte Écriture jusqu'à la quatrième génération.

Je dois, en finissant, recommander à la femme forte d'être l'asile des faiblesses de la femme affligée, de la femme coupable, de l'enfant révolté contre ses parents; d'être pour tous conciliatrice, de répandre partout la concorde, d'avoir la force de rappeler à tous leurs devoirs, d'avoir au fond du cœur un trésor inépuisable de dévoûment et de sacrifice d'elle-même, d'avoir le cœur assez large pour toutes les misères, toutes les afflictions, je ne parle pas de celles qui courent les rues, mais de celles que nous trouvons dans notre intérieur, dans les confidences de la famille; d'être forte pour donner une bonne parole et souvent un secours, un encouragement à toutes les faiblesses, essuyer ces larmes secrètes qu'on cache au monde par un sourire, alors la femme forte sera couronnée dès ce monde par la louange de son mari, car l'Écriture ajoute : Son mari en sera glorieux et la présentera avec honneur dans sa maison : ceux dans la maison desquels il ira le salueront d'un concert de louanges. La femme forte pourra être proclamée bienheureuse, parce qu'elle aura été la femme essentielle.

Ainsi soit-il.

TROISIÈME INSTRUCTION

SUR LA FEMME FORTE

La femme forte vis-à-vis son prochain et les étrangers.

Après avoir parlé de la femme forte et de la femme faible, après avoir dit la source secrète de la force de l'une et des faiblesses de l'autre, nous devons parler du gouvernement de la femme, c'est-à-dire du gouvernement que Dieu lui a dévolu dans ce monde.

Ce gouvernement s'applique, d'après le texte sacré, au cœur de son mari, à ses enfants, à ses serviteurs. Si elle gouverne, elle gouverne au nom de Dieu, et nous tous, mes frères, qui gouvernons quelque chose et qui le gouvernons au nom de Dieu, nous devons imiter le Père céleste dont le gouvernement est tout entier dans cette parole de nos livres saints : *Fortiter et suaviter.* Pour l'homme, pour la femme, pour le prince, pour le berger, toujours même devise : force, mais force sans raideur, force qui respecte l'infirmité humaine, force qui a une mesure de prudence : *fortiter et suaviter;* c'est ce que nous allons encore mieux comprendre.

La femme forte est gouvernée par Dieu, par son mari, par l'Église, qui la dirige et l'enseigne; par conséquent (et je ne sais si vous l'avez assez bien compris, je n'ai peut-être pas assez insisté), la femme forte ne se laisse pas gouverner par ses passions; elle a toujours au fond d'elle-même ce calme, cette force, cette limpidité de la pensée, cette énergie de la volonté qui obéit toujours au fond de notre âme à la grâce de Dieu et à ses bonnes et douces inspirations; mais, hélas! trop souvent nous nous laissons mener et entraîner bien loin par la méchanceté et la violence des passions.

Disons comment elle doit se gouverner elle-même vis-à-vis les autres. Ce mot, les autres, renferme bien des gens. Se gouverner vis-à-vis ses supérieurs, ses égaux, ses parents, ce n'est pas assez, mais vis-à-vis le public, le monde et la société; là elle aura de la tenue, dans le monde elle saura comprendre, remplir, garder sa position; s'y tenir convenablement, tenir son salon, sa maison; aujourd'hui nous parlerons de l'esprit de conduite par rapport au prochain. Voilà le sujet de notre entretien, nous allons l'éclaircir par quelques exemples.

La part de la femme, c'est l'intérieur, non pas que Dieu dans certaines circonstances, par un secret dessein de sa Providence, ne l'applique à des œuvres extérieures, à un certain gouvernement du dehors : ainsi pour ne pas sortir de notre France, nous avons vu des femmes qui ont gouverné notre pays. Elles étaient mères, et on est forcé de reconnaître, en lisant leur histoire, que la France ne fut ni sans force ni sans gloire quand elle a été gouvernée par une femme mère et régente. Mais en dehors de l'administration extérieure, je prends les affaires de la vie la plus habituelle, la femme dont je parle est celle que vous rencontrez tous les jours.

Or, cette femme, peut avoir perdu son appui, son protecteur; elle peut être veuve; il faut qu'elle devienne femme d'affaires; si elle est mère, il faut qu'elle défende les intérêts de ses enfants; il faut, que l'âge venant, elle puisse dans les choses extérieures donner des conseils avec autorité, lumière, et imprimer une direction aux affaires de la famille. Voilà pourquoi, dans une certaine mesure, elle doit s'initier au langage des affaires sans y mettre l'ardeur de la femme d'argent dont nous parlerons, mais les conduire avec calme, modération et intelligence.

Il serait superflu de dire que la femme forte ne doit pas être un personnage politique occupé des affaires politiques et s'y faisant une place, elle a bien assez de se gouverner elle-même, de gouverner son intérieur : à elle les affaires du dedans, à l'homme les affaires du dehors.

Quel est ce prochain que nous rencontrons dans la vie? Ce prochain, je ne sais si vous l'avez remarqué, dans quelque position que vous soyez, vous ne l'avez pas choisi; pas même votre père ni votre mère, Dieu vous les a donnés! vous n'avez pas choisi vos enfants; vous n'avez pas choisi la position, le temps, le pays, le lieu, le gouvernement où vous vivez. Vous n'avez même pas choisi votre pauvre nature, soit corporelle, soit spirituelle, vous auriez peut-être cherché à l'avoir meilleure; nous sommes lancés dans la vie avec une nature mise en contact tantôt avec la vertu, tantôt avec la passion; là avec les gens respectables, ici avec des êtres mauvais et dépravés que nous devons tous subir et accepter : Voilà la position dans sa netteté ; nous n'avons pas choisi ceux qui nous entourent; c'est tout au plus si l'on choisit son mari; il est souvent donné par les circonstances, la passion ou par l'intérêt. Au milieu de ces prochains que nous n'avons pas choisis, il y a trois choses à considérer : ce que nous devons faire à notre prochain; ce que nous devons éviter de lui faire, et ce que nous devons savoir souffrir de sa part. Tels sont nos devoirs envers le prochain.

Ce que nous devons faire pour notre prochain. Je vous rappellerai sur ce point le secret de saint François de Sales. Il dit à un de ses amis qui avait probablement un caractère un peu violent : « Ce que je vous recommande par-dessus tout, c'est la bonne grâce. (Il ne parle pas de la minauderie). C'est elle, ajoute-t-il, qui fait valoir nos qualités et qui cache une partie de nos défauts. Voilà bien une chose utile, importante dans la vie, celle qui augmente nos qualités et qui diminue nos défauts. C'est cette bonne grâce que nous devons avoir envers le prochain ; elle est l'expression, non pas de la politesse, car le jour où quelqu'un nous ennuie et où nous n'avons plus intérêt à le ménager, nous savons parfaitement, avec les dehors de la politesse, lui témoigner notre mauvaise humeur et l'ennui qu'il nous cause; la bonne grâce, c'est cette fleur de charité que nous devons avoir pour les hommes, parce que nous sommes les enfants de Dieu; parce que Dieu, notre père est le père des bons et des méchants ; parce que nous sommes placés au milieu des bons et des méchants, et que nous devons, enfants de Dieu, faire tomber notre bonne grâce, nos bienfaits, nos bénédictions, notre bienveillance sur tous, je le répète, sur tous bons et méchants, croyants et incroyants, fidèles et infidèles, pauvres et riches : la bienveillance du chrétien n'est pas banale, mais son cœur est catholique ; il embrasse tous les besoins de ceux qui l'entourent. La pratique de cette bienveillance et bonne grâce envers le prochain se résume dans le mot de saint Paul : « Se faire tout à tous pour les gagner tous à Jésus-Christ. »

Que veut dire ce mot, « se faire? » Il faut se réformer, se dominer pour arriver à se faire tout entier à tous. C'est, selon l'expression de l'Écriture sainte, se faire le pied du boiteux, l'œil de l'aveugle, se faire petit avec les petits. Vous savez vous faire petits avec vos petits enfants ; vous savez prendre leur langage, bégayer avec eux, ce n'est pas votre langue que vous leur parlez, mais vous savez employer leurs petits mots pour répondre à leurs petites questions; vous parlerez plus tard un autre langage et vous vous ferez mieux comprendre; vous avez de petits enfantillages, de petites ressources, de petites tendresses pour vous faire tout à eux; vous vous pliez à leurs jeux, vous entrez dans leurs petites idées, vous redevenez enfants avec ces enfants. Sachez aussi grandir avec eux; qu'à un certain âge il n'y ait pas une distance infranchissable entre les parents et les enfants ; sachez vous intéresser aux études de vos enfants ; sachez être de leur âge en sachant tout à la fois et les intéresser et les amuser; c'est un grand point dans notre vie et dans la leur.

Sachez aussi vous faire vieux avec les vieux, avec vos parents qui ont été si bons pour vous, qui se sont faits petits alors que vous étiez petits ; sachez quand ils reviennent peut-être à une seconde enfance, vous faire à toutes leurs exigences. Que la jeune fille sache prendre le bras du vieillard, refuser une partie de plaisir pour lui tenir compagnie (la charité est l'excuse de ces petits détails, pour elle rien n'est vulgaire), elle sacrifie tout, pour le distraire par une bonne lecture, ou pour l'endormir doucement et rester près de lui comme un bon ange, pour veiller afin que rien ne vienne troubler son sommeil réparateur. Sachez mesurer votre pas à celui du vieillard, il a un si lourd fardeau d'années à supporter sur ses épaules ! Et encore faites-vous tout à tous.

A tous, voilà le mot difficile ! Il y a tant de gens désagréables ; le public est si exigeant, si ennuyeux, si importun ; tant de gens qui nous fatiguent ! sachez vous faire tout à tous. Descendez des hauteurs de votre vertu pour tendre la main aux âmes coupables, aux âmes affligées qui succombent à côté de vous ; sachez les relever, les soulager, sachez pardonner et oublier. Une maîtresse de maison doit savoir ne pas tout voir ; il y a bien des choses en ce monde qu'il faut savoir ne pas voir, mais pardonner, remettre entre les mains de la justice suprême et ne pas juger soi-même. En observant cette règle, vous serez bienveillants, on sera sûr de toujours trouver dans votre cœur et à côté de vous la sérénité, le pardon, la bienveillance et la bonne grâce, qualités qui constituent le véritable chrétien.

Pourquoi se faire tout à tous, dans quel

but? Je continue à commenter le texte de saint Paul : pour les gagner tous à Jésus-Christ : non pas à vous-même, remarquez-le, je vous fais une question dans la sincérité de mon cœur et du vôtre, je la fais devant Dieu, je vous prie de vous l'adresser bien souvent. Quand vous paraissez dans le monde, que cherchez-vous? Le cœur a bien des mystères pour répondre à cette question. Est-ce la sympathie pour le prochain, est-ce la coquetterie ou l'orgueil qui vous fait agir, est-ce un sentiment plus mauvais encore? La femme forte inspire à tous par sa bonté un sentiment qu'elle a inspiré étant jeune fille, peut-être même petite enfant, qu'elle inspirera jusque sous les cheveux blancs de la vieillesse; la femme forte est une femme respectable; elle respecte et sait se faire respecter de tout le monde : elle se fait respecter par sa seule présence. Que de choses on ne voudrait pas dire ou faire devant un enfant! On respecte sa présence, son innocence; c'est aussi le sentiment que la femme forte inspire dans le monde, apportez-y comme elle le rayonnement de pureté, de calme, de vertu et de paix qui vous fasse respecter de tout le monde, et invite chacun à la vertu.

« Pour les gagner tous à Jésus-Christ » voilà le grand but de la vie; arriver à être tous les enfants de Dieu, à avoir un seul cœur, une seule pensée, un seul et même désir devant Dieu ! Saint Paul disait : s'il y a un homme infidèle qui ait une femme fidèle, qu'ils vivent ensemble, qu'ils habitent en paix, la femme fidèle sanctifie l'homme infidèle, et saint Pierre ajoute, commentant saint Paul dans une de ses épîtres, *sine verbo;* jamais de reproches, rarement même de conseils, non ! l'éloquence muette du silence, *sine verbo.* Ici j'ose à peine apporter une comparaison de ce qui a lieu parmi les méchants. Pour le mal on s'entend, on se comprend sans parler; qu'il s'agisse de commettre une faute, un vol, de trouver un complice pour une mauvaise action, il a suffi d'un regard, il n'est besoin que d'un coup d'œil, on s'est compris et le mal sera fait.

Pourquoi ne se comprendrait-on pas de même pour le bien sans user de paroles? Rappelez-vous que les récriminations sont toujours odieuses, que votre apostolat doit être sans parole et que ceux qui n'auront point entendu de paroles, ajoute saint Pierre, comprendront et apprécieront votre silence, la chaleur et la lumière du cœur se font sentir par leur rayonnement et leur douce influence.

Hélas! que l'apostolat est facile dans de certaines futilités! je n'ose pas employer le mot apostolat en parlant de la mode. Là, on trouve bien vite des imitateurs et des imitatrices, on a donné bien vite le ton. L'influence que vous avez eue pour certaines choses légères, peut-être mauvaises, pourquoi ne l'exerceriez-vous pas pour les choses bonnes? Voilà ce que nous devons faire par rapport au prochain.

Ce que nous devons éviter par rapport au prochain. Nous devons éviter par rapport au prochain tout ce qui est mal; ce qui peut lui nuire, ce qui peut le porter au mal; ce qui est haine, inimitié; ce qui peut lui faire tort dans sa personne, ses biens, sa réputation; ce qui peut le froisser, le heurter, le blesser d'une manière quelconque. Saint Paul nous dit que nous devons même éviter l'apparence de tout cela. Ici je retrouve un verset de notre chapitre du livre des Proverbes qui renferme ces mots : « La femme forte a fait le bonheur de son mari et pendant tous les jours de sa vie, elle a rendu le bien et non le mal. » Dans l'état de mariage on peut se faire réciproquement le mal ou rendre le bien avec générosité, affection et tendresse : rendre le mal, c'est le fait de la femme faible; la femme forte rend le bien pour le mal. C'est-à-dire qu'elle ne croira pas qu'une parole méchante, un procédé violent ou quelquefois pire encore puisse justifier des représailles de sa part.

En dehors de son ménage, la femme forte se montrera toujours chrétienne; elle ne rendra jamais le mal pour le mal, elle rendra le bien pour le mal : ne jamais contrister le pro-

chain, ni par ses actions, ni par ses paroles,
n'avoir jamais contre lui une pensée mauvaise, au contraire porter, au milieu de toutes les passions humaines, un esprit de douceur et de conciliation, savoir adoucir les
angles, éteindre les mauvais sentiments de
toute nature autour de soi, voilà sa mission.

Ce que nous devons souffrir par rapport
au prochain. Si nous rentrons dans notre
cœur, nous verrons que dans la vie, la plus
grande partie de nos souffrances nous vient
du prochain. Nous n'avons voulu blesser,
heurter, froisser personne, mais nous avons
été souvent froissés, heurtés, blessés par les
autres. Que faut-il faire? Le remède est encore dans une autre parole de saint François de Sales, bien simple à comprendre,
bien douce à entendre, bien difficile à pratiquer.

« Souffrir tout le monde et ne faire souffrir
personne. » Souffrir tout le monde, ce mot est
bien large ; « tout le monde, » il s'étend à

bien des personnes; définissons-le. Souffrir tout le monde, c'est souffrir ses ennemis; vous n'en avez peut-être pas, bénissez-en Dieu, et qu'il vous conserve ce bonheur pendant tous les jours de votre vie! Si vous en avez, c'est peut-être votre faute; vos ennemis peuvent vouloir votre mort, ils vous ont abreuvé de fiel et de vinaigre; rappelez-vous que le Sauveur vous a envoyés comme des brebis au milieu des loups; rappelez-vous que le Père de famille a permis et voulu que l'ivraie et le bon grain fussent mêlés sur la terre; que les bons fussent au milieu des méchants, que les loups fussent mêlés aux brebis : si vous êtes brebis, vous devez souffrir tout de la part de vos ennemis. Vous n'avez peut-être fait de mal à personne; quel est donc le motif de cette haine contre vous? Ce sont les qualités dont Dieu vous a ornés, les dons qu'il vous a accordés; soit dans l'ordre matériel, beauté, richesse, la position que vous tenez dans le monde. Voilà ce qui fait vos ennemis! Voilà pourquoi on a pour vous des regards de dédain, des regards destructeurs, de haine et d'envie! Vous devez tout souffrir de la part de ces ennemis et de ces jaloux, de la part, en un mot, des méchants.

Vous devez tout souffrir encore de tous ceux qui vous entourent. Nous apportons chacun notre quote-part de défauts, d'imperfections au moins; nous souffrons des défauts des autres, les autres ont à souffrir des nôtres. Supportons-nous, et, comme dit l'Evangile, portons les uns les autres nos fardeaux, et, au lieu de peser sur le fardeau du prochain et de rendre ainsi sa charge plus lourde, plus difficile à porter, cherchons à l'alléger : ainsi nous marcherons plus facilement dans les rudes sentiers de la vie, et nous jouirons de la paix du Seigneur. Ce n'est pas que nous ne devions cependant chercher à réformer quelquefois ceux qui nous entourent, surtout si nous sommes père et mère de famille ou si nous avons le gouvernement de quelque chose ou de quelque pesonne; mais que ce soit de la manière dont Dieu lui-même agit; que ce soit *suaviter et fortiter*, avec force, énergie, mais avec suavité, sans aigreur, comme Dieu agit vis-à-vis de nous. Dieu veut nous rendre bons, nous corriger; est-il pour cela sévère?

Bien au contraire, vous murmurez souvent de sa tolérance, et vous vous demandez pourquoi le feu du ciel n'est pas tombé sur cet impie ou sur ce méchant. Sachez parler au cœur : par ce langage, Dieu nous corrige.

Sachez sans blesser, sans contrister ceux qui vous entourent, insinuer un mot, un avertissement, une simple parole avec tact et mesure; sachez comprendre la position de chacun, que cette parole soit un encouragement, quelquefois même un léger blâme sur une personne qui aurait les défauts que vous voudriez corriger. Ainsi nous arriverions à réformer les autres sans nous poser en réformateur.

Souffrez tout le monde, soyez patients, ayez la sincérité du cœur, vous serez dévoués pour tous et vous ne vous plaindrez de personne.

Souffrir tout le monde et ne faire souffrir personne.

Je dois avant de terminer parler de celle que l'Ecriture appelle la méchante femme; j'ose à peine répéter ce mot. Elle fait souffrir tout le monde; elle fait souffrir son mari, elle est comme un scorpion dans sa maison; elle le pique sans cesse; elle fait souffrir ses enfants par ses vivacités, par son aigreur, par son impatience; elle fait souffrir ses serviteurs qui ne peuvent réussir à la satisfaire; elle-même ne sait pas toujours ce qu'elle veut. Elle est à charge à tout le monde. Considérons-la afin d'éviter de lui ressembler : au lieu de faire du bien au prochain, elle lui fait du mal. Elle ne souffre personne et fait souffrir tout le monde. Quelle différence entre elle et la femme forte! Autour de celle-ci, il y a une indéfinissable atmosphère de calme, de sérénité qu'elle apporte partout; elle répand la tranquillité et la paix autour d'elle; dans sa famille, personne ne peut être objet de haine; si elle apprend que deux personnes sont brouillées, sa charité lui suggère un moyen de les réconcilier; grâce à sa salutaire influence elle parvient à ramener la paix et l'amitié dans le cœur de ces ennemis qui paraissent irréconciliables. Si on a besoin d'un conseil, d'un bon avis, on va chez elle; elle comprend si bien les positions, les difficultés de la vie qu'elle devient en certaines circonstances une femme d'affaires, quand il s'agit, par exemple, d'un héritage, de partages, de quelques embarras de famille; elle sait toujours donner de bons avis, elle sait aussi, l'été, s'asseoir au bord du chemin pour causer avec le petit enfant, et par lui avoir une bonne influence sur ses parents, si grossiers qu'ils soient; rentrée chez elle, elle monte dans la chambre de ses serviteurs pour s'informer de leurs besoins, pour leur parler de leurs parents, en un mot elle sait se faire toute à tous, pour les gagner tous à Jésus-Christ.

Voilà le secret de la femme forte! Cette perfection est bien simple; être bon pour tous, éviter de faire du mal à qui que ce soit, souffrir tout le monde et ne faire souffrir personne. Que Dieu puisse, mes frères, vous fortifier dans ces résolutions, rendre fécondes ces paroles, susciter dans vos cœurs ce désir si simple, si naturel que chacun sent en soi, d'être parfaits vis-à-vis du prochain, de savoir beaucoup donner.

Quand vous êtes dégoûté de la vie, au lieu de chercher à vous bâtir une solitude; au lieu de dire : je voudrais quitter la vie, le monde, la famille, la société, toutes ces relations qui m'ennuient, au lieu de rêver une solitude égoïste et impossible, où vous soyez seule et bien loin, rentrez au fond de votre cœur; vous y trouverez une solution à toutes ces difficultés, un ami qui ne vous abandonnera jamais, qui vous éclairera toujours, là vous trouverez la force, l'énergie de l'esprit de Dieu.

Le Saint-Esprit a dit de la femme, que son cœur était semblable à la mer, qu'il était quelquefois calme au dehors, mais qu'au fond il y avait des abîmes. Que près d'elle on trouvait la lumière, le calme, la sérénité, qu'à côté d'elle il n'y avait plus d'orages, de dangers à redouter, mais qu'on y trouvait le bonheur, le repos et les bénédictions du ciel.

Ainsi soit-il.

QUATRIÈME INSTRUCTION

SUR LA FEMME FORTE.

La femme forte. — Son intérieur. — Son règlement de vie.

Parmi les inscriptions les plus anciennes que les antiquaires aient retrouvées sur la Voie Appienne à Rome, il en est une qui par le nom, la date, appartient à une dame de la société romaine, dont elle fait l'éloge succinct, mais complet. Nous allons commenter aujourd'hui ces deux mots : *Domui mansit*. Elle a demeuré dans sa maison.

C'est là, mes Frères, toute notre instruction d'aujourd'hui. Après avoir montré comment la femme forte doit se gouverner par rapport au prochain et dans les relations intérieures, par rapport à tous ses prochains qu'elle n'a pas choisis, ses parents, ses enfants, les relations de société et sa position, nous allons vous la montrer dans son intérieur; c'est un éloge à en faire, c'est aussi son devoir, *Domui mansit*, elle est restée dans sa maison.

Nous allons dire qu'elle doit rester dans son intérieur, qu'elle doit aimer son intérieur, qu'elle doit faire aimer son intérieur, et comment elle doit y régler sa vie.

Premièrement, elle doit rester dans son intérieur, c'est là son devoir et ce devrait être aussi son bonheur. Au lieu de faire comme tant d'autres qui vont circuler partout, au lieu de donner cette réponse si fréquente : madame ne pose pas ici, madame n'est jamais chez elle, il faudrait précisément qu'on pût faire de vous cet éloge, elle est toujours à la maison pour y remplir les devoirs d'intérieur, et ces devoirs d'intérieur, c'est le recueillement, je ne dis pas encore la prière, mais le recueillement; se recueillir pour penser, réfléchir, combiner, prévoir.

Pour pouvoir bien ordonner tout; pour que tout soit bien préparé, bien disposé, il faut deux choses qu'on ne trouve qu'à la maison, il faut la réflexion et le temps; dans cet intérieur la femme doit gouverner et surveiller; elle doit connaître tous les sentiers de sa maison, elle doit régler ses dépenses et son budget. Voilà ses devoirs d'intérieur; elle doit les remplir avec exactitude, bienveillance, avec cette mesure qui pardonne beaucoup et qui attend peu, les accomplir avec bonne volonté, sans préoccupation, sans agitation, sans trouble dans son cœur ni autour d'elle. Il y a un autre mot, mes Frères, qu'il est difficile de traduire, et qu'emploie aussi le Saint-Esprit dans un autre endroit du livre des Proverbes, il dit qu'il n'y a rien de terrible dans une maison comme *mulier clamosa*, une femme criarde; qui parle toujours, qui est toujours à gourmander soit elle-même, soit les autres ; qui a toujours quelque chose à dire. La femme parfaite marche sans bruit, elle se rappelle ce mot de saint François de Sales : le bien ne fait pas de bruit et le bruit ne fait pas de bien.

Être chez soi modeste, simple, accomplir ses devoirs d'intérieur, ne les négligeant pas par paresse, vanité ou tout autre motif, voilà le but qu'il faut poursuivre : par paresse ou fainéantise, par cet amour du repos qui nous est instinctif et que nous poursuivons depuis les premiers jours de notre enfance, depuis que nous avons des devoirs à remplir; sachons donc secouer cette torpeur qui, dans tant de circonstances, nous ôte le courage de remplir nos devoirs.

Les négliger non pas seulement par paresse, les négliger ensuite (entrons dans le fond de votre cœur) par vanité, par bon ton, en disant : ce sont des choses que je ne connais pas, j'ai trop d'esprit pour m'occuper de ces détails ! Voilà l'orgueil et la négligence ! Les négliger ensuite parce qu'on s'occupe trop de bonnes œuvres, de pratiques de piété ; oublier, omettre ce qui est de précepte, pour ce qui est de conseil. La femme forte remplit tous les devoirs, sait suffire à tout. Ses devoirs religieux sont l'aliment invisible qui soutient son courage au milieu de toutes ses obligations.

Il faut rester à la maison et y remplir nos devoirs, nous venons de le dire ;

Il faut aimer notre intérieur. L'aimer, c'est la perfection, mais le supporter, c'est le commencement du devoir. Le supporter avec ses dégoûts, avec ses peines, ses embarras, avec ses tristesses ; savoir se suffire à soi-même ; savoir rester chez soi ; n'avoir pas besoin du tourbillon des choses du dehors ne pas établir un tourbillon au fond de son cœur ; n'avoir pas besoin du tourbillon des choses extérieures, c'est-à-dire savoir rester dans son intérieur, seule, calme, appliquée à la prière, au recueillement ou à la solitude : deux choses dont nous avons peur trop souvent dans la vie ; le silence ou la solitude ! Le silence nous fait peur parce que trop souvent nous y entendons la voix du remords; la solitude nous fait peur parce qu'elle a quelque chose d'austère et de terrible; et cependant si dans ces moments vous aviez la bonne habitude de relire le chapitre de l'*Imitation*, intitulé : *De l'Amour de la solitude,* vous y verriez que quand nous nous accoutumons à garder notre chambre, elle finit par être la plus douce et la plus charmante demeure que nous puissions avoir sur la terre. C'est là que nous sommes le plus loin des dangers et le plus près de Dieu. Il faut l'amour de sa cellule, de son intérieur; voilà ce qu'on doit avoir pour y trouver la force de supporter les difficultés et les embarras de la vie. La supporter serait déjà un grand point. Il faut cependant savoir en sortir quelquefois, ne pas devenir sauvage, farouche, défaut que l'on reproche assez souvent à la piété; il faut savoir en sortir pour faire les visites de piété, de charité, sérieuses, utiles, agréables, nécessaires qui font partie de nos devoirs; savoir rentrer chez soi avec joie et bonheur.

J'ai entendu plusieurs personnes, obligées d'aller par nécessité, par devoir de position dans le monde, dire que la meilleure prière du soir était celle que l'on faisait au retour d'une réunion brillante et bruyante, alors qu'on se retrouvait seul devant Dieu, et que l'on pouvait méditer dans le calme la vanité de toutes les choses qui venaient de nous étourdir un instant; qu'il y avait là après le bruit une paix qui faisait du bien pour les jours suivants. Se plaire dans son intérieur, s'y attacher, en profiter, savoir en sortir et y rentrer avec joie.

Savoir faire aimer son intérieur, avoir un intérieur agréable, qu'est-ce cela? C'est le grand devoir de la femme encore plus que de l'homme. Les choses du dehors, les embarras des affaires, les difficultés, les nécessités, les inquiétudes, les préoccupations de toutes sortes ont absorbé, fatigué l'homme: il faut que, quand il rentre, il trouve un peu de délassement, un intérieur bien ordonné, un intérieur calme, agréable; ce ne sont pas les tapis précieux, les meubles dorés, les vases de Chine! De tout cela on se fatigue peu à peu; tout cela peut flatter les yeux et l'amour-propre, mais tout cela n'est pas le bonheur, et nous voyons souvent les soucis habiter les appartements les plus ornés. Ce qui rend un intérieur agréable, ce n'est point le luxe, ce n'est point l'ambition, c'est la bonne disposition d'esprit, c'est la sérénité, c'est la confiance mutuelle que rien ne peut troubler.

Savoir s'y plaire et faire que tout le monde s'y plaise, c'est avoir trouvé pour tous une intelligence et un cœur disposés à écouter les confidences, à donner de bons conseils, à oublier les fautes du prochain, au lieu de ternir sa réputation par des noirceurs : c'est enfin de faire en sorte que le mari, au lieu d'aller ailleurs chercher la bienveillance, l'affection, le dévoûment, les trouve dans son intérieur agréable à tous; c'est aussi savoir amuser les autres. De même que vous savez parfaitement amuser vos enfants sur vos genoux, il faut savoir les amuser quand ils sont grands, quand ils ont vingt, trente ans. Se faire tout à tous afin de les conserver autour de soi, comme la poule rassemble ses poussins sous ses ailes, afin de leur montrer qu'il n'y a pas d'endroit plus agréable, d'endroit où l'on trouve plus de joie, de satisfaction qu'au foyer domestique.

Voilà comment la femme forte restera dans son intérieur et le rendra agréable; mais pour cela il faudra que son intérieur à elle, c'est-à-dire son âme, soit toujours sereine; qu'il n'y ait là ni remords, ni inquiétudes, ou, s'il y a des inquiétudes, que Dieu les domine, calme la mer, impose silence aux flots, aux mutineries de l'intelligence, du cœur ou des passions. Il faudra porter en soi ce caractère des vrais chrétiens, savoir toujours se réjouir, être bienveillants, être doux; joie et douceur dans le vrai chrétien exprimées d'une façon meilleure que je ne pourrais le dire, par l'exemple de la sœur de charité. La femme faible, au contraire, veut toujours être dans le monde, toujours s'amuser, toujours être dehors, avoir un tourbillon dans son intérieur; toujours du monde chez elle, mais encore tourbillon dans son cœur, être occupée toujours à quelque chose de futile et n'être jamais occupée de ses propres affaires.

Au contraire, savoir calmer son esprit, savoir régler son cœur, ordonner son ménage, voilà ce qui fait la femme chrétienne, parfaite et irréprochable.

Quand elle aura réglé sa maison, son intérieur, sa conscience, nous allons voir comment elle réglera l'intérieur de sa vie.

L'intérieur de sa vie est, comme le vôtre, occupé par bien des devoirs; vous avez pu remarquer comme moi, mes Frères, que ce sont les personnes les moins occupées qui sont les plus embarrassées et les plus affairées. D'où cela vient-il ? C'est qu'elles ne savent pas régler leur vie. De même que lorsque vous allez partir pour un voyage, un serviteur négligent ne peut faire entrer dans les malles tous les effets dont vous avez besoin et que vous arrivez vous-mêmes à les y faire tenir avec un peu plus d'ordre et de soin, de même si vous venez à arranger votre vie, vous y placerez plus d'actions, mais pour cela il vous faut un règlement.

La vie est écrasante, direz-vous, voilà tous mes devoirs et je ne puis arriver à les remplir tous, cependant la chrétienne doit remplir tous ses devoirs envers Dieu, envers le prochain ; devoirs de charité, devoirs de société, devoirs de dévoûment, devoirs envers soi-même. Voilà tout ce que nous devons combiner en une seule vie.

Je vais vous en donner trois moyens bien simples : d'abord la prière jointe à la réflexion dont je vous ai parlé ; il ne faut plus seulement combiner et méditer, mais il faut demander à Dieu son secours. Si vous n'êtes plus seuls pour remplir vos devoirs, si vous avez l'appui de la Providence, si Dieu, qui s'occupe d'un cheveu qui tombe de votre tête, comme dit l'Évangile, d'un grain de sable de la mer, vient à intervenir par les événements dans votre vie, vous voilà déjà bien forts et bien près du succès. Que ferez-vous donc pour le mettre de votre côté? Vous prierez : vous demanderez le pardon de vos fautes et la grâce d'étouffer dans votre cœur tout ce qui prend beaucoup de temps, les petites haines, les jalousies, les méchancetés, les mauvais projets, tout ce qui absorbe la vie et épuise les forces de notre âme.

Vous objecterez que vous n'avez pas le temps. Je n'ai pas le temps! Voilà l'éternelle excuse que chacun répète. Elle veut dire : j'ai vingt-quatre heures dans la journée pour les remplir, j'ai autre chose à faire : repas, sommeil, courses, divertissements.

Dites donc que vous employez votre temps à autre chose, mais ne dites pas que vous n'avez pas le temps ! laissez-moi vous faire deux questions : la première m'est pénible, la seconde m'est plus facile. Quand vous voulez faire du mal, est-ce que vous ne trouvez pas toujours le temps? quand vous avez le projet d'une mauvaise conversation ou d'une mauvaise lecture, vous trouvez toujours de longues heures ; elles se succèdent même et ne vous paraissent que des instants. Vous avez donc le temps de faire le mal. Vous avez tous aussi le temps de faire des choses futiles, soit au théâtre, soit au bal; vous avez toujours une demi-journée ou une demi-nuit, peut-être une nuit entière à leur donner quand l'occasion s'en présente. Comme vous êtes injustes et comme il y a peu de proportions dans votre vie !

Avec la prière, mes Frères, vous trouverez dans votre âme plus de netteté, il n'y aura plus cette agitation continuelle qui la fatigue. Que faut-il faire, que ne faut-il pas faire ? La prière vous apprend que vous êtes l'homme et la femme du devoir; alors toute agitation est mise de côté, vous avez alors le calme de l'esprit et la plénitude de vos moyens pour exécuter ce que vous avez à faire. Rappelez-vous ce que recommande l'Évangile, d'avoir tous les jours un moment où nous fermions notre porte, c'est-à-dire la porte de notre cœur pour écouter Dieu ; car dans la journée il doit bien avoir sa part. Quelle est la part de Dieu dans vos journées? Je n'ose pas faire le décompte de votre temps devant vous ; décomposez ces vingt-quatre heures, vous y trouvez des heures de sommeil trop longues qui absorbent le tiers de votre existence, peut-être plus, je ne veux pas dire la moitié, j'y trouve encore ce que vous appelez les nécessités de la vie ; une toilette trop prolongée, tant d'autres choses agréables, amusantes surtout: mais Dieu, de bonne foi, à quelle heure voulez-vous qu'il vienne vous parler? Est-ce pendant votre sommeil ? Votre cœur n'est pas assez pur pour qu'il vous parle en songe comme aux patriarches ! Est-ce pendant vos amusements et vos futilités? Votre cœur est absorbé par autre chose, vous êtes toujours hors de chez vous. A quel moment voulez-vous que sa miséricorde, je ne dis pas seulement sa grâce, vienne à vous. Il faudra donc que Dieu vous envoie un châtiment, qu'il vous couche sur votre lit pour qu'il puisse alors vous parler et guérir votre conscience. Ce sont de bien dures conditions que vous lui faites et si vous êtes traités durement vous en êtes bien la cause. Trouvez donc quelques instants dans votre journée pour donner audience à Dieu, pour l'écouter, pour le remercier de tant de grâces qu'il vous accorde ; pour lui rendre hommage comme les petits oiseaux chantant au milieu des bois ; pour lui dire : Je n'existe que pour vous, je vous loue et je vous aime, pour parler à Dieu des intérêts de ceux qui vous sont chers, pour étendre les ailes de votre âme et dire : Seigneur, bénissez-les, accordez-leur telle ou telle grâce, venez à leur secours dans telle difficulté, éclairez ces aveugles au milieu des sentiers obscurs de la vie, rendez ceux-là meilleurs, fortifiez ceux-ci. Il y aurait là une heure de confidence, d'expansion avec Dieu qui vous serait bien salutaire ; la meilleure expansion du monde a des bornes, on ne peut toujours être ensemble, on ne peut tout dire, on ne serait pas compris; vous trouvez toujours Dieu, toujours père, toujours bon, connaissant votre vie, vos difficultés, vos peines mieux que vous-mêmes; dans votre journée vous aurez donc de précieux instants pour Dieu.

Vous ferez à ses pieds la préparation de votre journée. Il est dit de la femme forte, et je crains de paraître exagéré, qu'elle s'est levée de grand matin, avant le jour, pour distribuer la nourriture à ses serviteurs et la besogne à ses servantes.

Cette interprétation trop large du texte sacré, *avant le jour*, pourrait révolter beaucoup d'entre vous, et cependant, comme écrivait un homme d'une grande autorité à un jeune homme qui débutait dans la vie et qui lui demandait ses avis; il lui disait : Mon cher enfant, rappelez-vous que tout ce qui est parfait dans ce monde, tout ce qui peut aspirer à l'élévation du génie, doit se résoudre à prolonger la journée d'un bout à l'autre; à avoir une journée plus longue que la journée que Dieu nous donne par la venue du soleil, que ce soit le soir ou le matin. Je vous accorde le choix à cause de votre santé, des nécessités, des arrangements de la société actuelle; mais il faut que le matin, ou le soir *à la lumière,* vous trouviez toujours un temps nécessaire, au gouvernement de votre maison.

Sa lampe ne s'éteindra pas pendant la nuit: maîtresse de maison, non-seulement elle verra si les portes sont fermées, si les feux sont éteints, si tout le monde se repose, si l'ennui ou la maladie n'arrivent pas dans la maison; mais encore elle saura seule à seule, dans les replis de la nuit, discuter dans son âme, dans son cœur les besoins de ceux qui l'entourent.

La sérénité du soir apporte le calme, la réflexion; alors qu'on n'entend plus les bruits de la terre, il semble qu'on soit plus près des choses du ciel et que Dieu puisse plus facilement entrer dans notre esprit et dans notre cœur. Je n'établis donc pas, d'une manière positive, l'heure du lever, il faut tâcher seulement d'augmenter la journée, le matin ou le soir, par quelques heures où l'on appartient à soi-même.

Après la prière, exactitude en toutes choses; non pas que je vienne demander une ponctualité gênante, rigoureuse, blessante pour tout le monde, qui nous rende insupportables, exigeants pour ceux qui nous entourent ou qui nous servent; cette ponctualité qui fait qu'à l'heure du repas on murmure du moindre retard. Exactitude pour le lever, exactitude à propos du jeûne du carême. L'empereur Charlemagne ayant consulté un pieux pontife de son temps sur l'heure à laquelle il pouvait faire sa collation le matin des jours de jeûne; le saint homme lui répondit qu'il devait toujours, les jours de jeûne, être à table à neuf heures du matin; sur quoi la piété de l'empereur fut très-étonnée, pensant que le saint ermite ou pieux évêque lui aurait fixé une heure beaucoup plus avancée; non! lui dit-il, parce que, même en prenant votre repas à neuf heures, les derniers officiers de votre maison n'auront pas pu manger avant midi ou une heure. Il faut donc, vous le voyez, mes Frères, savoir faire fléchir vos nécessités aux nécessités des autres et combiner vos devoirs de manière à ne pas rendre ceux des autres trop difficiles.

Je rappelle aux maris impatients et aux femmes qui se font trop attendre, l'histoire du chancelier d'Aguesseau : il est raconté que soit à la ville, soit à la campagne, la chancelière ayant l'habitude de le faire longtemps attendre à cause de sa toilette, il fit établir un petit bureau où il écrivait spécialement pendant les heures où il attendait madame pour les repas ; il composa ainsi un ouvrage entier.

Le dernier point que nous devons examiner, le grand secret de la vie, c'est d'utiliser tous nos moments. Vous vous demandez souvent comment fait telle personne pour suffire à tout, pour pouvoir remplir tous ses devoirs !

Le secret de suffire à tout, de pouvoir remplir tous ses devoirs : c'est, en fait de temps comme en fait d'argent, de ne rien perdre ; de regarder le temps comme une chose précieuse dont la perte est irréparable ; c'est de savoir prendre chaque parcelle de ce temps et de l'attacher, de la coudre à quelque obligation, surtout dans sa vie, de l'exactitude, de la ponctualité, mais une ponctualité douce, sereine; de n'avoir pas une vie saccadée et sans but. L'exactitude est insupportable à quelques-uns : il faut arriver, sans raideur, sans mollesse, sans laisser aller, à mettre chaque chose à sa place et à tout disposer. Je cite l'exemple de la Providence : voyez, mes Frères, avec quel ordre, quelle précision Dieu a établi chaque chose, quelle régularité dans les mouvements du ciel; le lever, le coucher du soleil arrivent à des heures fixes, tellement que le calcul des astronomes peut mathématiquement les annoncer. Qu'il en soit de même dans votre intérieur, que tout se fasse avec l'ordre et la précision de la Providence, sans raideur.

Je résume cet entretien : nous avions besoin, après avoir parlé de la femme forte dans les relations du dehors, dans les relations de la société, de la considérer seule avec elle-même ; nous l'avons vue dans son intérieur. *Domui vixit.* Elle a toujous vécu dans sa maison. Que ce soit le mot qu'on puisse graver sur votre tombe. Elle a rempli tous ses devoirs ; Dieu ne vous a pas ordonné de faire des merveilles, d'être des femmes artistes, auteurs ; mais il vous a ordonné de bien remplir ces mille petites nécessités de la vie, ces mille devoirs de tous les jours envers les autres, et nous le dirons plus tard, envers les pauvres : vous serez tout entières à tout le monde, vous aimerez votre intérieur, vous établirez votre joie dans celui qui a bien voulu tout vous donner ; pour tant d'autres la vie se passe au milieu des champs sous la pluie, sous les frimas, sous les ardeurs du soleil, sous la terre à creuser une mine, autour d'une roue pour accomplir un laborieux et pénible travail, dans les fabriques et les machines de l'industrie actuelle. Pour vous, s'il vous a fait un intérieur, sachez vous y plaire, sachez l'aimer, soyez reconnaissantes, prenez pour modèle la bienheureuse

Vierge dans son intérieur de Nazareth, sachez comme elle être ponctuelles dans vos devoirs; et, quand l'ange du Seigneur viendra vous apporter une bonne inspiration du ciel, qu'il vous trouve occupées à travailler de vos mains et unies à Dieu par le cœur et par la prière. Si vous aimez votre intérieur vous le rendrez agréable; je n'ai pas voulu entrer dans les détails du luxe, dans ses vanités et ses excès; le luxe n'est pas le bonheur, le bonheur n'est pas dans les choses du dehors, il est dans les choses du dedans; dans le cœur et dans la conscience, dans l'affection et la pureté de vie de ceux qui vous entourent. Vous tâcherez de rendre votre intérieur doux et agréable pour tous, afin que tous puissent y trouver un doux parfum: cette bonne odeur, cette bienveillance qui se doit toujours rencontrer au foyer chrétien et qui en est le signe.

Si vous avez perdu beaucoup de temps dans votre vie passée, réglez mieux le présent sans raideur, mais sans mollesse, doucement, régulièrement. Ayez de la régularité dans vos exercices de piété, donnez aussi à Dieu sa part dans votre âme; alors, quand Dieu et votre âme se seront entendues, quand votre cœur sera tout à Dieu, quand vous aurez au fond de votre âme la sérénité complète, la docilité entière à l'action de Dieu, vous serez étonnées vous-mêmes de la facilité avec laquelle tous les épis tomberont sous votre faux, avec quelle facilité chaque chose s'arrangera; vous n'aurez plus d'agitations, de tiraillements dans votre vie, les passions ne bouleverseront plus votre cœur, elles ne vous enlèveront plus votre force. La femme qui n'aime pas son intérieur, qu'est-ce qu'elle y fait? Elle s'y ennuie; elle s'y fatigue, elle s'y ronge, elle s'y décourage ou bien elle s'y exalte de haine ou de jalousie contre les autres et prend en détestation elle-même et sa malheureuse existence. Vous couperez court à toutes ces douleurs et à tous ces dangers, par le bonheur et la sérénité de votre âme; vous marcherez ainsi pendant tous les jours de votre vie; alors ces jours vous paraîtront courts et vous pourrez les appeler d'un nom qui attirera sur vous les bénédictions du ciel et de la terre ; car il est dit en parlant du juste, dans la sainte Écriture : *Et dies pleni invenientur in eis* : on trouvera dans la vie du juste des journées pleines.

Ayez donc des journées pleines où vous suffisiez à tout, où vous puissiez faire entrer tous vos devoirs sans violence et avec joie. Toujours s'amuser, cela n'est pas possible, toujours s'amuser, c'est être condamnée au mouvement perpétuel ; et alors, quand le mouvement vient à cesser, le ver qui ronge la vie se fait sentir, le cœur a ses remords, ses abattements et ses exaltations.

Demandons à Dieu ce courage de tous les instants, cet héroïsme de tous les jours et sachons soumettre toute notre vie à Dieu, prenant les journées les unes après les autres, telles que Dieu nous les donne. Chaque jour a sa peine et ses difficultés, mais chaque jour aussi aura sa bénédiction, si nous avons su le commencer aux pieds de Dieu ;

et, après bien des journées passées ainsi, il y aura pour nous, au ciel, une couronne; Dieu nous dira : Bon serviteur, parce que tu as été fidèle dans de petites choses, entre dans la joie de ton Seigneur.

Ainsi soit-il.

CINQUIÈME INSTRUCTION

SUR LA FEMME FORTE.

La question d'argent.

Après avoir considéré la femme forte dans le secret de sa force, dans ses rapports avec ceux qui l'entourent, avec son mari, ses enfants, ses serviteurs; après l'avoir vue dans l'intérieur de sa maison, dans le recueillement, se dévouant à tous ses devoirs, les accomplissant dans une règle parfaite, nous arrivons à des détails matériels, à son administration temporelle, à la question d'argent. A cette question se rapportent cinq versets du texte que vous avez sous les yeux : « La femme forte enrichira sa maison. Elle est comme le navire du marchand qui apporte son pain de loin. Elle a considéré le champ voisin et elle l'a acheté du fruit de ses mains. Elle a planté une vigne. Elle n'aura pas besoin de dépouilles. »

Voilà les cinq versets qui font le sujet et le partage de notre instruction.

Et d'abord, dans quelle position d'argent se trouve la femme forte ? Elle est dans une position élevée ou dans une position inférieure. Dans quelque position qu'elle se trouve, chacune des paroles du Saint-Esprit va se vérifier en elle.

Elle enrichira sa maison. Elle est riche, elle doit reconnaissance à Dieu de l'avoir traitée au delà de ses mérites, de l'avoir fait naître dans une condition où elle n'est pas obligée de travailler pour subvenir aux dures nécessités de chaque jour. Elle doit reconnaissance à Dieu, à ses parents, auteurs de son aisance et de la douceur de sa position; elle ne doit pas être aigre, violente, ni reprocher aux autres de n'avoir pas le même bonheur qu'elle, ni être de celles qui disent : Vous n'aviez qu'à faire comme moi, et vous n'auriez pas besoin de tendre la main. Non, mes Frères, jamais un sentiment semblable ne doit entrer dans le cœur d'une chrétienne, pas plus que le dédain, que la dureté ou le mépris.

Mais à côté du riche, il y a l'enrichi, celui qui n'était pas riche et qui l'est devenu; sa position dans la société est difficile; il ne veut plus garder de relations avec sa société d'autrefois, et il veut entrer dans une société qui ne l'accepte pas, qui le repousse et l'humilie. Puis, outre ces amertumes, il y a le danger de l'enivrement que vous courez tous quand vous arrivez à une position large; le danger de vous enivrer de vos biens, de la position que Dieu vous a donnée, soit par héritage, soit par travail. Que d'hommes, que de femmes n'ont pas assez d'énergie, assez de pouvoir sur eux-mêmes pour ne pas se laisser aller à cet enivrement, pour se détacher des biens de ce monde qu'ils n'ont point apportés avec eux; et pour en user, suivant la parole de saint Paul, comme ne les ayant pas. Il faut nous rappeler que notre vie ici-bas est une nuit que l'on passe dans une auberge, qu'elle sera courte, et que lorsque le jour arrivera, il faudra rendre compte à Dieu des biens qu'il nous a accordés. Les richesses ne sont à nous que pour un temps court, leur possession est accompagnée de bien des déboires, de bien des épines; sans compter les jalousies de ceux qui sont au-dessous de nous, les amertumes des uns et des autres, sans compter les reproches, les irritations qu'elle provoque contre nous; voilà la difficulté des richesses. Reconnaissance, détachement, générosité, voilà les devoirs des riches.

A côté de la femme riche, la femme aisée : aujourd'hui, dans la société, personne ne se trouve riche, tout le monde est mal à l'aise, à quoi cela tient-il? à la surexcitation des appétits, au désir, j'allais dire de l'égalité, je me serais trompé, au désir de l'inégalité qui est au fond du cœur de chacun; on veut être autant que les autres, et si nous rentrons en nous-mêmes, nous verrons qu'on veut être un peu plus que les autres. C'est cette soif d'égalité qui est le mobile, le principe de l'esprit de révolution qui nous tourmente; qui tantôt agite à certaines époques toute la société par des crises violentes, tantôt, dans la suite des années, par un mouvement sourd et secret; agitation intime, mécontentement intérieur qui se traduit de tant de manières désastreuses et violentes. Donc, personne n'est content de sa position; les riches ne sont pas contents, ils gémissent parce qu'il y en a de plus riches autour d'eux, quelque part; les aisés, les médiocres se trouvent mal à l'aise, leurs vies sont composées moitié de luxe, moitié de privations : il faut s'imposer de certaines limites; elles sont pénibles à accepter; pour la personne qui est dans l'aisance, qu'elle se rappelle une parole de Salomon : Le sage demande à Dieu non pas les richesses parce qu'elles sont trop enivrantes, non pas la pauvreté parce qu'elle donne trop de mauvais conseils; elle soulève trop d'insinuations mauvaises au fond du cœur de l'homme, mais une position médiocre, simple et suffisante.

Pour la femme pauvre, gênée, il y aura pour elle, et pour elle plus que pour toute autre, un salutaire avis dans cette instruction; à elle surtout, la force est nécessaire pour se défendre des attraits du dehors et pour savoir supporter les peines, les privations, les douleurs du dedans; pour avoir une pauvreté contente, satisfaite, résignée, une pauvreté dévouée, une pauvreté acceptée en esprit d'expiation et de pénitence, pauvreté si elle est supportée dans des dispositions chrétiennes qui produira plus tard, je ne dis pas précisément la richesse, mais augmentation de bien-être : nous allons en dire bientôt les motifs.

Voilà les trois positions où vous pouvez vous trouver : La richesse, l'aisance, la gêne, dans ces trois positions, reconnaissance pour le bien, résignation pour le mal, pour la douleur, pour l'affliction que Dieu a mise dans votre vie.

Pourquoi le Saint-Esprit a-t-il dit que la femme forte est comme un vaisseau qui apporte son pain de loin ? elle apporte son pain de loin, dit saint Augustin, parce que ce pain, c'est l'héritage de ses pères, qu'elle a conservé, qu'elle conserve et qu'elle transmettra aux générations suivantes; elle apporte son pain de loin, ajoute-t-il dans un sens spirituel, parce qu'elle l'a demandé au ciel et que c'est du ciel qu'il est descendu. elle est comme un vaisseau, parce que le vaisseau est au milieu de la mer, au milieu de la tempête, des flots agités, des orages et des tourmentes, et que le vaisseau est toujours largement assis sur la mer et qu'il s'avance, malgré les dangers, au milieu des écueils, calme et paisible. Voilà comment la femme forte, avec cette position large qui l'élève au-dessus des dangers et des obstacles de la vie, est semblable à un vaisseau emportant au fond de son cœur, au dedans d'elle-même tout ce qui est nécessaire à elle et aux siens. Elle est prête à tout, elle répond à tout, suffit à tout et avance chaque jour davantage vers le ciel, but de son voyage, où elle trouvera sécurité, repos et récompense.

Maintenant, disons le grand secret de ce malaise dont nous parlions, le grand secret de la misère de tout le monde, car nous sommes tous, en ce siècle, pauvres, misérables, nous tendons presque tous la main; nous trouvons au fond de notre cœur certains gémissements, certain malaise qui tient à ce que nous avons le besoin, la fureur du luxe. Il y a chez nous, plus ou moins, goût de la dépense, goût des choses inutiles, et en cela vous me rendrez justice si vous rentrez au fond de votre cœur, vous verrez ce que vous regrettez le plus : ce n'est pas la privation des choses nécessaires, mais des choses agréables. Remarquez dans la vie, autour de vous, combien de gens dont les appétits, dont les goûts corrompus les portent à se priver des choses les plus indispensables à la vie, pour se donner les choses les plus inutiles ; combien de gens dans le peuple, dans les positions inférieures de la société, qui se privent du pain, de la nourriture, pour pouvoir aller au spectacle ; combien de personnes qui s'imposent des privations souvent bien dures pour pouvoir porter une robe de soie ; combien de gens qui n'ont pas de pain à manger et qui dépensent leur argent pour se procurer des friandises ! c'est le goût faux qui est au fond du cœur de tous, qui fait que nous préférons toujours le superflu au nécessaire : c'est là le grand secret de notre malaise. Quel en sera le remède ? ce sera de considérer d'où vient ce goût du luxe et du superflu ; d'abord il vient en nous d'un sentiment de vanité et de la fausse égalité que nous indiquions tout à l'heure. La société, vous le savez, et l'Évangile nous le répète souvent, la société est un édifice, nous sommes tous les pierres de cet édifice ; ces pierres sont placées les unes sur les autres, et c'est à cette condition qu'elle peut exister ; le jour où ces pierres seraient rangées les unes à côté des autres dans le champ, il n'y aurait plus d'édifice. Il faut donc qu'il y ait des rangs inférieurs pour que la société soit solide ; il faut que chacun de nous garde sa place, sa position, tienne son rang ; c'est ce que fait la femme forte. Nous sommes, si vous le voulez encore, puisqu'il est plus besoin dans ce siècle que dans tout autre de rappeler ces choses, nous sommes comme les arbres de la même forêt, et quand les perturbateurs de la société seraient assez habiles pour couper tous les arbres à la même hauteur, le même jour, à la même heure, qu'en résulterait-il? l'égalité pour trois jours, car le quatrième, chaque arbre, ayant commencé à se développer selon la force de sa racine, au bout d'un an la forêt commencerait à redevenir ce qu'elle était auparavant. Donc l'égalité est une folie, et cependant nous voulons tous y arriver; les uns, en abaissant les positions qui composent la hiérarchie de la société; les autres, en les élevant, afin que tous puissent avoir les mêmes apparences, non pas même fortune, mais mêmes jouissances, même luxe, même bien-être. Je vous ai dit pourquoi ce luxe, cette folie de dépenses; je vous l'ai montré au dedans; le pourquoi du dehors, vous le répétez souvent; je fais ainsi parce que tout le monde fait ainsi! Or, le luxe, c'est le péché de tout le monde; on me pousse, je pousse les autres! Personne ne cherche à se retenir, à s'arrêter; on se laisse entraîner, et c'est cet entraînement de tout le monde qui amène les souffrances et les désordres que vous savez. Parce qu'il y a entraînement, il faut arriver à poser des limites, à s'arrêter, et si l'on peut, à arrêter les autres. Voilà pourquoi je viens vous proposer deux remèdes : l'ordre et l'économie ; l'ordre qui consistera à méditer votre livre de comptes. Nous avons dit que dans ce livre il y avait des recettes et des dépenses ; les recettes légitimes (vous vous rappelez ce que veut dire ce mot), les recettes douteuses, les recettes coupables ; les dépenses légitimes, les dépenses douteuses, les dépenses coupables ; quand on a fait la balance, on arrive à l'un de ces trois résultats : ou la parfaite égalité, et j'ai dit que c'était là un prodige, un tour de force qu'on pouvait bien faire une année, mais pas deux années de suite ; que si l'on n'arrivait pas à cette parfaite égalité on tombait dans l'un ou l'autre de ces deux cas, ou les dettes, ou les économies. Si les dettes commencent, elles grossiront bien vite avec les années, et l'on se trouvera en peu de temps au fond de l'abîme qu'on aura creusé peu à peu ; en quelques années, la position aura été minée et un certain jour viendra où l'on se réveillera ruiné.

L'économie, la réserve, c'est le second moyen : non pas l'économie mesquine, taquine pour vous-mêmes et pour les autres, exagérée ; mais une économie raisonnable, fondée sur la position de chacun. Voilà pourquoi, après les comptes, il faut faire le budget pour l'année suivante en inscrivant au chapitre, trop souvent oublié, des cas imprévus qui ont brisé l'équilibre ; prévoir les maladies, les accidents, les ruines d'autrui, les mauvaises années, les révolutions : tant de choses qui inopinément viennent nous surprendre. Quand on se sera bien résolu à l'économie, il faudra n'agir ni trop sévèrement, pour ne pas s'aigrir soi-même et irriter ceux qui nous entourent ; ni trop doucement, pour éviter le laisser aller et la mollesse.

La femme forte, toujours probe, juste en toutes choses, ne fait jamais tort à personne ; elle est de la plus stricte justice ; elle a la fleur et la perfection de la justice dans les comptes, c'est-à-dire la délicatesse. Vous comprenez ce mot, et, après la délicatesse, elle a quelque chose de plus parfait encore, c'est la générosité ; ce n'est pas le coulage, ni le laisser aller, ni les négligences de la femme faible.

Il est dit de la femme forte, qu'elle a considéré le champ voisin et qu'elle l'a acheté du fruit de ses mains. Qu'est-ce que le fruit des mains de la femme forte ? Ce sont ses économies, ce qu'elle a pu mettre en réserve sans nuire aux besoins de tous ; c'est le produit de son travail ; elle n'a pas mangé son pain dans l'oisiveté ; elle a travaillé le lin et la laine ; elle a su, par son industrie, par son travail, par la toile qu'elle a vendue, compléter son bien-être, enrichir sa famille, et c'est ce que nous prêchons à toutes les conditions de la société.

La femme forte, trésor plus précieux que le diamant, parce qu'elle enrichit sa maison dans les jours de la prospérité, est aussi un trésor dans les jours d'adversité. Si la ruine arrive, si le malheur vient fondre sur sa maison, la femme forte trouve dans son énergie, dans son cœur, les ressources pour faire face à toutes les difficultés, tandis que le Saint-Esprit dit qu'une femme faible, au contraire, est la ruine d'une maison, parce qu'elle ne surveille rien, qu'elle laisse tout aller au gaspillage. La femme faible a cru qu'il y avait deux chapitres dans le livre des comptes : le chapitre des recettes, que le mari est obligé de faire, et le chapitre des dépenses, qui la regarde spécialement ; au lieu de penser que son chapitre était celui des économies et de la bonne administration. Et alors le Saint-Esprit ajoute cette douloureuse et bien triste parole : « Elle n'aura pas besoin de dépouilles. » Voilà une parole qui nous semble obscure, et que vous comprendrez facilement quand j'aurai soulevé le voile devant vous. Quelle est donc la femme qui a besoin de dépouilles, qui a besoin de dépouiller son prochain ? Ne l'avez-vous pas rencontré dans votre vie ce pauvre jeune homme, au front hâve, à l'âme attristée, au cœur ulcéré, couvert de haillons ? Il ressemblait en tout à l'enfant prodigue; sans affection, sans tendresse. La foi de son enfance, sa fortune, sa santé, tout a disparu ; il a été la victime d'une femme ! « Une femme a passé par là, dit le Saint-Esprit, comme un torrent dévastateur. » Elles ont besoin de dépouilles, ces femmes-là ; et, quand elles ont dépouillé celui-ci comme le vautour dépouille sa proie, elles vont chercher d'autres victimes, qu'elles dépouillent à leur tour. Mes Frères, fermons les yeux sur ce hideux tableau ; j'en ai dit assez pour me faire comprendre et vous faire réfléchir. Mais, direz-vous, la femme droite, honnête, n'a pas besoin de ces dépouilles ! Prenez garde, il y a des femmes qui se disent honnêtes, irréprochables, qui ont cependant besoin de dépouilles, qui attendent et qui calculent le jour où elles perdront leurs parents, pour satisfaire des instincts de luxe, pour escompter certaines jouissances qui ne pourront leur arriver que dans des moments douloureux, par des pertes pénibles. La femme forte n'aura pas besoin de dépouiller ses enfants, de dissiper leur bien en largesses, en futilités, en dépenses inutiles; de leur enlever ce qui devait leur revenir et faire plus tard leur force, leur position; elle ne les habituera pas, dès leur enfance, à un luxe qu'ils ne pourront continuer plus tard et qui serait pour eux une cause de ruine !

La femme forte n'a pas besoin de dépouilles ni du côté de ses parents, ni du côté de ses enfants, ni du côté de son mari. Je détourne la tête quand j'aperçois ces petites turpitudes, ces indélicatesses pour grossir le budget de ses dépenses et de ses passions; toutes ces erreurs volontaires, ces subterfuges auxiliaires du dévergondage et des dépenses folles. La femme forte paye régulièrement ses serviteurs; ses fournisseurs ne sont pas tentés de lui faire payer deux fois l'objet qu'elle n'aurait payé qu'une, si elle avait été plus exacte. Vous comprenez la conduite de la femme forte par rapport à son mari, à ses enfants, à ses serviteurs, à ses fournisseurs, à ceux qui passent chez elle, qui viennent dans son salon pour quelques heures de récréation: ils n'en sortent jamais qu'après avoir payé, d'une manière souvent bien dure, l'hospitalité reçue. Je ne dis pas que la femme qui a besoin de dépouilles commette des erreurs volontaires dans son jeu, mais elle a une fureur du jeu qui ne se borne pas toujours à la partie qui se fait le soir dans son salon.

Terminons par une pensée plus douce, plus consolante et plus fortifiante dont nous avons besoin après ces douloureux détails. Ce que nous allons demander à Dieu du fond de notre âme, c'est sa bénédiction; qu'il veuille bien l'accorder à notre famille, à notre position, à notre fortune, afin que tout ce qu'il aura béni se conserve, s'accroisse et devienne solide. Voilà pourquoi le Seigneur se compare à un architecte, et voilà pourquoi il dit lui-même : « Si je ne bâtis pas pour moi-même une maison, cette maison ne sera pas solide. » Et comment la bâtit-il? C'est quand, en son nom, on prend chacune des pierres qui doivent composer l'édifice de la fortune, et, qu'après les avoir taillées, on les pose sur une autre également taillée et purifiée. Comment garde-t-il un édifice? par sa sage Providence qui dispose des événements. Voilà ce que nous allons demander à Dieu de faire pour nous. La femme forte, riche, aisée ou pauvre sera bénie de Dieu; voilà pourquoi elle enrichira sa maison, elle implorera tous les jours, matin et soir, les bénédictions de Dieu sur elle et sur tout ce qui lui appartient. C'est ce que nous ferons tous, tous les jours de notre vie.

Il est ajouté au bas du portrait de la femme forte : « Parmi les filles de Jérusalem, plusieurs ont amassé des richesses; elle les a toutes surpassées. »

Qu'est-ce à dire? C'est qu'en effet elle a enrichi sa maison du pain matériel et bien plus, du pain spirituel par l'exemple de ses vertus et de ses mérites devant Dieu.

Que le Seigneur veuille bien vous accorder

ce que saint Paul appelle le plus grand bonheur dans cette vie, la piété avec la suffisance.

Pietas cum sufficientia. Ah! mes Frères, quand on sait se suffire à soi-même, on n'est jamais pauvre, même au sein de la pauvreté! Celui qui est pieux aura avant tout la bénédiction de Dieu; pour lui la vie pourra avoir ses orages, ses tempêtes, mais qu'il écoute cette consolante parole de David, vieillard courbé sous le poids des années et d'une longue pénitence. « J'ai été jeune et je suis devenu vieux, cependant dans aucun des jours de ma vie, je n'ai vu le juste abandonné et cherchant son pain. Celui qui cherche son pain, c'est qu'il a une malédiction de Dieu sur lui; c'est qu'il y a eu des désordres dans sa vie ou dans celle de ceux qui l'ont précédé; c'est que sa misère est une épreuve, une expiation, plus souvent un châtiment de ses vices. Mais le juste sera béni tous les jours de sa vie et ne cherchera pas son pain; il sera béni dans ses enfants et pendant les années à venir. C'est ce que renferme le meilleur de tous les souhaits : la piété avec la suffisance.

Ainsi soit-il.

SIXIÈME INSTRUCTION

SUR LA FEMME FORTE.

Les aumônes.

« Elle a ouvert sa main à l'indigent ; elle a tendu ses bras à celui qui était dans la nécessité. »

Qu'y a-t-il, mes Frères, dans la main de la femme forte ? Qu'en tombe-t-il dans le sein du pauvre quand elle l'ouvre ? Sa main renferme des trésors de charité; tout ce que l'héritage de ses ancêtres a déposé dans ses mains, elle l'a recueilli, et, avec cet héritage, les habitudes de pieuse libéralité héréditaire dans sa famille; tout ce que les fruits de ses mains, c'est-à-dire son économie, ses soins, ses travaux, ses acquisitions, et puis ses privations, et par-dessus tout les privations cachées et secrètes ont pu amasser; voilà ce qui forme les trésors de la femme forte ; voilà où elle trouve de quoi donner toujours. Aussi elle a ouvert sa main, elle n'a pas fait seulement que l'entr'ouvrir, elle l'a ouverte ; elle n'a pas seulement ouvert sa main, mais ses deux mains, car elle s'est conformée à la parole de Tobie à son fils : « Mon fils, si vous avez peu, donnez peu : si vous avez beaucoup, donnez beaucoup.

Elle tend les bras à celui qui est dans la nécessité. Tendre la main, c'est déjà attirer à soi; tendre les bras, c'est plus encore, c'est accueillir, c'est témoigner la bonne volonté pour soulager, relever, essuyer les larmes de ceux qui sont dans la douleur : c'est ce que nous allons voir dans cette instruction. Nous avions donc raison de commencer par cette parole. Elle a ouvert ses mains au pauvre et elle a étendu ses bras vers tous ceux qui étaient dans la nécessité.

Mais, mes Frères, elle n'a pas seulement ouvert ses mains, étendu ses bras, remarquez-le bien; son œil cherche partout s'il n'y a pas d'infirmités à secourir et, par une pénétration secrète, elle sait découvrir le malheur et l'infortune qu'on cherche à lui cacher. Elle sait, sur un visage, deviner qu'il a coulé une larme, et que sous ce front quelquefois couronné de roses, il y a une affliction grande et des épines à enlever. Elle écoute s'il y a des gémissements, des plaintes; elle va, elle court; les démarches ne lui coûtent pas; elle est infatigable; son cœur comprend tout, un souci, une inquiétude, une affliction. Voilà le portrait de la femme forte par rapport aux bonnes œuvres.

Ce que je viens vous demander, mes Frères, c'est que tous vous mettiez ces paroles en pratique; c'est qu'on puisse dire de vous que vous avez ouvert les mains aux pauvres, tendu les bras à tous ceux qui étaient dans une nécessité quelconque. C'est ici que la parole de Dieu est large; c'est ici qu'il n'y a ni discussion, ni réfutation possibles. Trop souvent, quand du haut de cette chaire, nous vous exhortions à certaines pratiques de la vie religieuse, vous avez des prétextes, des impossibilités véritables ou imaginaires, coupables ou légitimes à nous opposer; ici il n'y a point d'obstacles, je m'adresse à tous; les bonnes œuvres doivent être pratiquées par tous; par les fidèles surtout, par les justes qui ont des habitudes religieuses; c'est leur lot, c'est leur partage, et ils doivent s'en féliciter, mais je le demande ensuite à ceux qui ne croient pas, car la sainte Écriture m'apprend que l'aumône c'est le commencement du retour à Dieu; c'est le commencement du salut, car l'attendrissement du cœur qui implore, dispose merveilleusement à entendre la voix de Dieu demandant non plus notre argent, mais notre amour. Le cœur de l'indifférent, par ce moyen, doit arriver à la foi; l'histoire du centenier Corneille nous le prouve.

Maintenant donc, vous tous pécheurs, qui avez une éternelle raison à donner, je ne puis pas, c'est trop difficile, c'est un devoir que je ne puis remplir; ici vous n'avez plus de prétextes à faire valoir contre le devoir de l'aumône, car ce que je viens vous demander, ce n'est pas seulement de l'argent (cependant, si vous avez écouté la dernière instruction, vous devez en avoir trouvé dans vos économies, dans le secret de vos privations, dans l'ordre et la sage administration), mais ce que je viens vous demander par-dessus tout, c'est du temps, et si vous n'en avez pas, au moins du cœur. Si vous avez un cœur, portez-le aux affligés; vous aurez de bonnes paroles, de bons sentiments à leur offrir, comme nous allons l'expliquer. Je vous demande à tous, qui que vous soyez, croyants, incroyants, justes, pécheurs, gens occupés, gens de loisir, d'exercer vis-à-vis du prochain la miséricorde; d'avoir de la compassion pour les misères qui sont autour de vous. Je vous le demande à tous, de quelque âge que vous soyez, car l'aumône est la protection de la famille et de tous les âges, je le demande même au petit enfant; qu'on lui apprenne à ouvrir ses petites mains, à faire tomber quelques secours dans la main du pauvre, ce sera une protection pour lui; je le demande à la mère de famille; qu'elle réchauffe les membres grelottants des petits enfants, parce que leurs mères n'ont plus le lait qui pourrait les réchauffer.

Je demande à ceux qui ont la force, l'énergie, le succès, le travail, d'avoir de la compassion pour ceux qui n'ont ni travail, ni force, ni énergie, ni fortune, ni santé.

Je demande aux vieillards, je demande aux veuves chrétiennes surtout, dont Dieu a rompu les liens et auxquelles il a laissé ce devoir et cette consolation de la charité, de s'appliquer aux bonnes œuvres. Leur âge, leur passé, tout leur en fait un devoir. Quel que soit notre âge, notre position de fortune, notre disposition particulière, nous devons tous pratiquer les bonnes œuvres.

Les conditions que nous examinions dans la dernière instruction, reviennent ici; nous sommes riches, aisés, gênés, pauvres. Les riches doivent l'aumône; c'est le précepte de l'Évangile, et, vous le savez, précepte large, facile, puisqu'il nous est dit que le riche doit donner les miettes de sa table; que le mauvais riche a mérité la malédiction de Dieu, en refusant au pauvre Lazare de ramasser les miettes du festin et de s'en nourrir. Voilà le devoir de l'aumône pour le riche, devoir facile à accomplir, si l'on considère la place que Dieu lui a donnée dans le monde. Laissez ce pauvre ramasser les miettes de votre table ou faites-le vous-même pour lui.

Être quêteuse pour une œuvre de charité, qu'est-ce autre chose, Mesdames, que d'aller ramasser les miettes de la table de chacun? Je sais qu'on s'expose à bien des humiliations, à des démarches pénibles; vous accepterez tout cela en expiation de vos fautes, par reconnaissance pour Dieu qui vous a évité de faire en votre nom des démarches aussi pénibles.

Ceux qui sont aisés doivent pratiquer l'aumône. Les riches sont quelquefois malaisés, ils se plaignent souvent de n'avoir que difficilement de quoi faire l'aumône. Les gens aisés n'ont jamais de quoi faire l'aumône. Pourquoi? Parce qu'il faut avoir du superflu, et que personne n'a de superflu parce que tout le monde a la passion du superflu, désire les choses qui sont inutiles; chacun désirant tout ce dont il n'a pas besoin, c'est une bonne raison pour que personne n'ait de superflu.

Considérez, mes Frères, dans votre budget, l'habileté avec laquelle vous savez voter l'admission ou l'éloignement d'une dépense! Vous savez parfaitement prouver qu'un caprice est une nécessité; appliquez cette habileté à la charité chrétienne, et vous verrez vos ressources pour le pauvre augmenter facilement. Puis, ce que nous vous demandons, ce n'est pas seulement de l'argent, mais du temps et de l'affection. Du temps, on en a pour des riens, pour des futilités, nous l'avons prouvé; on a toujours le temps de mal faire, et nous n'en trouvons pas à donner au pauvre; donnons-lui ce qui ne coûte pas : de l'affection, du dévoûment, des bons soins.

Si nous sommes sincères devant Dieu, nous verrons que le pauvre pratique souvent plus largement l'aumône que le riche. Je ne sais si vous avez remarqué, la facilité avec laquelle le pauvre laisse asseoir son voisin, pauvre comme lui, à sa table; vous vous rappelez les paroles par lesquelles il repousse tout prétexte, il dit : quand il y en a pour cinq, il y en a pour six! un de plus ou de moins dans la famille, on n'en est pas gêné quand il s'agit de la soupe du pauvre; mais un de plus dans la famille, c'est une grande question pour le riche. Vous pouvez vous rappeler avec quelle facilité étonnante (l'exercice du saint ministère près des pauvres en fournit des preuves bien frappantes et bien accablantes pour vous) le pauvre adopte un enfant de plus. Un voisin meurt; le pauvre prend chez lui cet enfant orphelin, sans croire pour cela faire un acte extraordinaire de vertu. Et le riche, lui, refuse les enfants que Dieu lui envoie, ou il les accepte avec douleur. Aussi, mes Frères, il faudrait faire la part du pauvre, comme celui-ci fait la part de son compagnon, et savoir donner une obole, un verre d'eau froide, ou chaude, s'il en a besoin, c'est-à-dire un peu de tisane; avoir quelques soins pour lui, monter à sa chambre, faire son lit afin qu'il soit moins dur, lui dire une parole consolante, le bénir, le soulager. A ce prix, l'aumône est facile, et il n'est personne d'entre nous qui ne prenne la résolution de la pratiquer avec ferveur.

Je le répète donc, tout le monde doit faire l'aumône : les petits, les adolescents (c'est la protection de Dieu sur un jeune homme, sur une jeune fille), les gens aisés, ceux qui ont la maturité de la vie, ceux qui approchent de la limite de la carrière, le juste, le pécheur, l'incroyant, le tiède, le riche, le pauvre; vous êtes une de ces nombreuses catégories, vous devez faire l'aumône, la faire de tout votre cœur, avec tendresse, avec la ferme volonté de ne pas laisser échapper l'occasion d'être dévoué comme la femme forte.

En quoi consistera cette aumône? Ce sera une aumône temporelle et une spirituelle; elle s'appliquera, soit au corps, soit à l'âme; bien des âmes n'ont besoin de rien pour leur corps et sont misérables au point de vue spirituel. Examinons quelles sont les misères que nous rencontrons.

Ces misères sont de deux sortes; elles sont temporelles, elles sont spirituelles; les misères du corps, les misères de l'âme: telles sont, d'après l'Évangile, et non-seulement d'après l'Évangile, mais je dirai presque d'après l'endroit de l'Évangile le plus effrayant comme le plus consolant pour nous, d'après la sentence qui sera portée au jugement dernier sur chacun de nous. Que dit Notre-Seigneur?

« J'ai eu faim et vous m'avez donné à manger, j'ai eu soif et vous m'avez donné à boire, j'étais nu et vous m'avez couvert, j'étais étranger et vous m'avez donné l'hospitalité, j'étais malade et vous m'avez visité, j'étais en prison et vous êtes venu me secourir, et enfin vous avez enseveli les morts. »

Voilà les sept œuvres de miséricorde, telles que les rapporte l'Évangile ; le nombre sept, vous le savez, est le nombre mystérieux qui s'applique aux choses saintes, qui regardent notre âme et le prochain. Ces sept œuvres de miséricorde, apprenez à les retenir en comprenant l'ordre dans lequel Notre-Seigneur a parlé.

De quoi l'homme a-t-il besoin au dedans de lui-même ? Il peut avoir faim, il peut avoir soif (j'ai eu faim, j'ai eu soif) : voilà les premières œuvres de miséricorde au dedans du corps. Au dehors : nous n'avons pas de vêtements (j'étais nu et vous m'avez couvert); nous avons un vêtement, mais nous n'avons pas de gîte pour reposer notre tête (j'étais étranger et vous m'avez donné l'hospitalité); ou bien nous avons un gîte, et malgré nous la maladie nous tient captifs, nous sommes en prison. Il y a encore une dernière demeure où l'on nous conduit pour être ensevelis. Voilà les sept œuvres de charité.

Comment les pratiquer? J'ai eu faim! Que de gens qui n'ont pas assez de pain! Le pain, l'homme doit le gagner à la sueur de son front; mais il peut se faire que ce pain ainsi gagné soit étroit, *panem arctum,* comme dit l'Écriture. S'il n'est pas assez large pour suffire au besoin de l'homme, c'est alors que vous devez intervenir pour aider le travail, pour combler la différence qu'il y a entre le pain gagné et le pain nécessaire. Le pain de l'ouvrier peut suffire à lui; mais quand il a des enfants qui ne peuvent pas encore travailler, et quand avec eux il est encore obligé de soutenir ces autres ouvriers qui ont exténué leurs membres par le travail, ses parents âgés ou infirmes! Voilà souvent pourquoi le pain est étroit; voilà pourquoi vous devez intervenir, mais pour aider le travail et non pas encourager la paresse.

J'ai eu soif. L'aumône que demande l'Évangile, c'est bien peu de chose; un verre d'eau froide ou un verre d'eau chaude; si le pauvre a besoin dans sa maladie d'un peu de tisane, c'est une place auprès de votre feu pour chauffer sa boisson et réchauffer ses membres glacés. Vous lui donnerez un peu de ce vin, de ce bouillon que Dieu a mis sur votre table avec tant de bonté et de générosité.

J'étais nu et vous m'avez vêtu. Ah! qu'elle est touchante, qu'elle est consolante, qu'elle est instructive cette histoire de saint Martin que vous connaissez tous! saint Martin encore soldat, encore catéchumène, trouvant à la porte d'Amiens un mendiant grelottant de froid, se retournant vers lui et divisant avec l'épée son manteau, en donnant la moitié à ce mendiant, et le Seigneur lui apparaissant la nuit et disant à ses anges : « Voilà le manteau dont Martin m'a revêtu. » Ce jour-là même, Martin devint chrétien et un grand apôtre, vous le savez. Vous aussi, mes Frères, sachez couper vos vêtements en deux.... trente-deux mètres pour une robe! il y aurait de quoi couvrir plusieurs de ceux qui ont froid autour de vous; Mesdames, sachez donc restreindre l'étoffe, puisque avec vos trente-deux mètres il n'y en a pas assez pour vous trouver toujours un corsage décent !

Cherchez au moins dans les vieux vêtements, dans les objets que vous ne portez plus et que votre vanité repousse; faites la part du pauvre de façon à imiter de loin le grand saint Martin. Je ne puis m'empêcher de penser, lorsque je vois le luxe, la soie, les tapisseries de nos appartements, à ce que fit saint Charles Borromée lors de la peste de Milan. La ville entière était dévastée par la misère et l'affliction, et sur les places publiques on voyait les survivants vêtus avec des lambeaux de rideaux et des tapisseries que ce grand et saint archevêque avait arrachés de ses appartements pour en couvrir les membres souffrants des pauvres. Voilà ce qu'ont fait les saints pour couvrir ceux qui étaient nus.

J'étais étranger et vous m'avez donné l'hospitalité; que de pauvres gens qui disputent sou à sou à leurs nécessités ce terme fatal de leur loyer! qui vont peut-être être renvoyés de chez eux faute de quelque peu d'argent! Ils n'ont plus de lieu où reposer leur tête; sachez les aider, protégez les asiles de nos pauvres petits enfants, soutenez toutes les maisons de patronage pour les enfants du pauvre, pour les pauvres filles repenties, pour les vieillards; aidez nos sœurs de charité dans leur dévoûment envers les pauvres.

J'étais malade et vous m'avez visité. Je remets à vous parler de cette bonne œuvre et de la suivante dans la prochaine instruction, où je parlerai des visites. Parmi les visites, nous mettrons celles que nous devons aux malades, non-seulement aux malades pauvres, mais aussi aux malades riches. Les riches sont souvent bien tristes et bien affligés, ils ont autant besoin de consolation que les pauvres.

J'étais en prison et vous êtes venus vers moi. Les usages, les lois, les règlements rendent difficile l'entrée des prisons; mais, si vous avez trouvé un coupable sur votre chemin, si vous avez rencontré quelqu'une de ces existences flétries, marquées au front par le crime, lui avez-vous tendu la main, ne l'avez-vous pas repoussée, ne lui avez-vous pas fermé votre porte? Sans doute ne soyez pas la dupe, la victime d'un misérable, qui par récidive pourrait venir vous dépouiller, mais tendez la main au coupable repentant; quand le mal a été commis et quand l'expiation a été complète, quand la douleur est profonde, sachez tendre la main pour relever le malheureux et le tirer de la fange et des occasions de récidive.

Enfin la sépulture des morts, qui se fait avec tant d'ordre dans notre société et d'une manière si touchante, voilà les œuvres de miséricorde temporelle.

8.

Énumérons aussi les œuvres de miséricorde spirituelle. J'ai eu faim, vous disent certaines âmes, et personne ne m'a donné à manger. J'ai eu faim, disent les ignorants en bas et en haut de la société, ceux qui ne savent rien des choses de Dieu, qui ne connaissent pas la religion, qui ont une soif instinctive de la vérité : j'ai eu faim, et vous ne m'avez pas donné à manger, ou plutôt on ne m'a donné qu'une mauvaise nourriture, des livres coupables, des romans propres à alimenter en moi les mauvaises passions, les soifs impures, on m'a refusé la nourriture solide des âmes ; l'homme ne vit pas seulement de pain, mais de toute parole qui vient de la bouche de Dieu.

J'ai eu soif, et vous ne m'avez pas donné à boire. Ah! qu'il y a d'hommes, de femmes que le Seigneur pourrait rencontrer à la citerne comme la Samaritaine, auxquels il pourrait donner ses salutaires conseils, cette eau de la vérité sympathique à notre âme, eau mystérieuse qui rejaillit dans la vie éternelle.

J'étais nu, et vous ne m'avez pas vêtu. Que de misères morales, que de haillons pour vos pauvres âmes sous les toilettes les plus éblouissantes! Quand vous vous regardez dans votre miroir et que vous admirez avec complaisance les ajustements de votre corps, ne dites-vous pas intérieurement : Mon âme n'est-elle pas semblable à celle de l'enfant prodigue, nue, grelottante, revêtue de haillons? Ah! mes Frères, reprenez donc la robe d'innocence, la robe du baptême, donnez des vêtements chrétiens, des vêtements moraux, qui font la beauté de l'âme, à votre âme et à celles qui sont nues et grelottantes autour de vous.

J'étais étranger, et vous m'avez donné l'hospitalité. Vous avez rencontré bien des fois ces pauvres cœurs qui ont froid, qui n'ont pu trouver un cœur ami dans ce monde, qui n'ont au contraire rencontré que trahison, amertume; ayez pitié d'eux, sachez les réchauffer, les calmer; sachez leur faire entendre la voix de l'affection, de la raison, de la foi, de la piété, et quand vous les aurez calmés, vous leur montrerez le vrai chemin d'où ils s'étaient peut-être écartés; vous les amènerez au pied de l'autel, au tribunal de la réconciliation. Voilà comment vous donnerez l'hospitalité à ceux qui ont besoin et qui sont égarés dans leurs voies.

J'étais malade, et vous m'avez visité. Il y a d'autres malades que ceux qui gisent sur un lit de douleur dans vos hôpitaux, il y a sur des canapés moelleux des cœurs malades. A ces boiteux, à ces paralytiques de l'Évangile, à tous ces muets et surtout à cette armée innombrable de languissants, donnez des soins, de bonnes paroles, de bonnes pensées, un contact pur, et vous les ramènerez à Dieu.

J'étais en prison, et vous êtes venus à moi. Mais, me direz-vous, où sont donc les âmes qui sont en prison dans mon entourage? Il y en a beaucoup qui sont esclaves du mal, qui ne peuvent remuer ni pieds, ni mains, qui gémissent, s'agitent dans leurs chaînes, que le démon traite dans leurs passions avec plus de sévérité que jamais, maître n'a traité son esclave. Oui, elles sont esclaves, puisqu'elles n'ont pas trouvé un instant de répit, puisqu'elles sont dans les liens coupables du mal, victimes de liaisons, d'habitudes criminelles; vous me comprenez; ce sont ces prisonniers dont il faut rompre les chaînes, auxquels il faut porter des secours, des consolations, cette liberté parfaite des enfants de Dieu, afin qu'ils soient affranchis de cet esclavage brutal et qu'ils puissent se consacrer au Seigneur dans leur entière liberté.

Enfin ces morts tout vivants que nous coudoyons à chaque instant, ces âmes qui ne croient plus, ces cœurs pervertis qui n'ont plus d'affection pour personne, ni pour Dieu, ni pour leur famille, qui n'ont plus de respect pour rien, qui sont insensibles à tout, froids comme la mort même; oh! vous aurez pitié de tous ces malheureux! Nous prierons à côté de leur lit funèbre comme la veuve de Naïm priait et pleurait auprès de son fils, comme les pauvres sœurs Marthe et Marie priaient et pleuraient auprès de leur frère Lazare, demandant sa résurrection au Seigneur ; nous aussi, mes frères, nous obtiendrons leur résurrection.

Nous avons dit l'obligation pour tous de faire l'aumône et dans quelle mesure chacun doit la faire ; en terminant, je vous laisse cette bonne parole, c'est qu'il n'y a pas de moyen plus efficace d'attirer la miséricorde de Dieu sur vous et sur les vôtres que de pratiquer vous-mêmes la miséricorde. Bienheureux les miséricordieux, parce qu'ils recevront miséricorde ; bien malheureux ceux qui n'ont pas la miséricorde au cœur, parce que Dieu aura pour eux cette sévérité qu'ils auront eue pour les autres. Bienheureux les miséricordieux, car l'Évangile a dit qu'ils étaient plus heureux de donner que de recevoir ; donc le bonheur pour vous qui donnez et pour ceux qui reçoivent de vous. L'Évangile a donc raison, bienheureux les miséricordieux ! C'est le bonheur de la foi qui arrivera dans le cœur de ceux qui ne croyaient pas, c'est le bonheur du pardon dans le cœur des coupables! Bienheureux les miséricordieux, car ils trouveront la foi et le pardon de leurs fautes! Et ce cortége immense de toutes les bénédictions que Dieu répandra sur vous et sur tous ceux qui vous entourent, si vous avez pratiqué la miséricorde! Bénédictions temporelles et spirituelles. Si vous avez soin des enfants de Dieu, Dieu aura soin de vos enfants: c'est votre principale sollicitude; mes Frères, voulez-vous que Dieu ait soin des vôtres, ayez soin des siens. Dieu ne se laissera pas vaincre en miséricorde. Toutes sortes de bénédictions et de grâces ne sont-elles pas renfermées dans ce mot : Donnez et on vous donnera. Bénédictions temporelles répandues tout autour de nous, sur nous, sur notre société. Ah! si nous n'avons plus les expiations d'autrefois, les austérités de nos pères, leur force, leur énergie, leur volonté morale si droite, si pure, si ferme; si tout est relâché, au moins conservons l'aumône! Que la charité, que la miséricorde viennent à bout de toutes les misères, n'en exceptons aucune; soyons comme la femme forte, ayons l'œil attentif, pratiquons l'aumône dans la mesure de nos forces et de notre position, et alors qu'arrivera-t-il? Que la société même, temporellement, sera réconciliée, qu'il y aura des bons riches et des bons pauvres. Sans doute, il y aura encore des déceptions, mais vous aurez travaillé pour Dieu qui vous récompensera. Et, après avoir travaillé pour Dieu dans ce monde et y avoir reçu ses bénédictions, vous aurez encore les bénédictions de la sentence que je vous citais en commençant. Le jour où nous apparaîtrons devant Lui, il nous dira : Venez, les bénis de mon père! Et quels sont donc les bénis de Dieu pour toute l'éternité? Les voici : j'ai eu faim, et vous m'avez donné à manger; j'ai eu soif, et vous m'avez donné à boire.

Il ne vous dira pas : vous avez fait des merveilles, vous avez fait des choses étonnantes, non! vous avez répandu votre cœur en bonnes œuvres, vous avez été bons, vous avez soulagé toutes les misères que vous avez rencontrées. Voilà pourquoi, mes frères, vous ne trouverez plus à la fin de votre vie, par-dessus toutes vos fautes, que la paix et la miséricorde.

Bienheureux les miséricordieux, car ils obtiendront miséricorde!

Ainsi soit-il.

SEPTIÈME INSTRUCTION

SUR LA FEMME FORTE.

Les occupations de la femme forte. — La vie oisive.

Elle n'a pas mangé son pain dans l'oisiveté. Telle est, mes frères, une des parties les plus intéressantes du chapitre dont nous poursuivons la méditation. Le pain, c'est le fond de notre vie, c'est notre aliment principal, et par là l'Écriture entend tout ce qui est nécessaire à notre existence. Ce pain, nous devons le demander à Dieu, nous devons le gagner à la sueur de notre front. Voilà les deux conditions auxquelles nous obtenons le pain nécessaire à notre existence : le demander à Dieu tous les jours, travailler pour le gagner.

Si Dieu nous l'a donné, s'il l'a donné à nos parents qui nous l'ont transmis, nous devons l'en remercier tous les jours, et ce pain qu'il nous a donné, nous devons le partager d'abord avec nos enfants, nos parents et enfin avec les pauvres ; nous l'avons expliqué dans notre dernière instruction. Que si Dieu nous a laissé la dure tâche de gagner notre pain à la sueur de notre front, nous devons le gagner pour nous, pour nos enfants, pour nos parents, et le partager avec les infortunés qui nous entourent. Tels sont, mes frères, les trois mots que nous allons expliquer aujourd'hui. Elle n'a pas mangé son pain dans l'oisiveté.

Avant de commencer, votre âme a besoin que j'explique d'une manière morale et qui lui soit applicable à elle-même ces paroles si importantes : Elle n'a pas mangé son pain dans l'oisiveté. Car ce texte a rapport aussi bien à notre âme qu'à notre corps.

Quel est le pain des oisifs pour leur âme? Ce sont les lectures creuses qui ne nourrissent pas le cœur, qui ne nourrissent pas même l'esprit, mais seulement l'imagination, qui ne sont souvent pour le cœur et pour l'esprit qu'un aliment malfaisant. Je ne nomme pas les ouvrages auxquels je fais allusion, vous les connaissez, vous les avez rencontrés dans votre vie, vous les éviterez dorénavant comme une nourriture empoisonnée. Voilà le pain avec lequel se nourrit l'oisif.

Le pain d'autres oisifs, ce sont ces feuilles qui viennent chaque jour nous apporter les nouvelles, les événements, les accidents graves ou futiles de la vie, et qu'on se contente de dévorer pour toute nourriture dans la journée. Ceux-là mangent leur pain dans l'oisiveté.

Mais la véritable subsistance, le véritable

aliment de notre âme, le pain de notre âme, c'est la parole de Dieu; ce sont les bonnes lectures, les saintes méditations qui nous font, pour ainsi dire, digérer cette parole et l'appliquer à nous-même. C'est ensuite la sainte Eucharistie qui est le voile de Dieu incarné, et vous savez, j'espère, par une douce et personnelle expérience, quels en sont les effets dans notre vie.

Le chrétien mange ce pain et ce pain produit en lui des merveilles de transformation. Je devais vous rappeler ces divers aliments de votre âme avant de commencer l'explication littérale de ce texte; vous vous souviendrez qu'il s'agit du pain spirituel qui doit nourrir votre âme et lui donner la force d'accomplir ses devoirs, comme l'aliment corporel donne la force au corps.

Maintenant établissons la loi du travail qui est la loi générale de tous, riches et pauvres : la loi du premier homme avant son péché, puisque le sage a dit que l'homme est né pour travailler comme l'oiseau pour voler;

loi aggravée par la faute, la désobéissance d'Adam. Toi, femme, qui as séduit l'homme, tu enfanteras dans la douleur (c'est le travail de la femme). Toi, homme, tu cultiveras la terre et elle produira des ronces et des épines qui déchireront tes mains, et ce ne sera qu'à ce prix que tu pourras nourrir ta femme et tes enfants.

De cette sentence pour nous résulte plus d'un travail : le travail des bras, ce travail pénible qui fait monter la sueur au front pour celui qui défriche la terre et la cultive; c'est-à-dire tous ces travaux pénibles quels qu'ils soient qui se font avec les bras; puis il y a un travail moins fatiguant que celui du laboureur, du villageois, le travail des mains, celui des usines, des fabriques, qui demande non plus seulement la force, mais surtout l'intelligence, et enfin, en suivant la progression du Créateur, après le travail des bras, après celui des mains, le travail des doigts qui exige plutôt de l'habileté. C'est le travail de la femme forte, puisqu'il dit qu'elle a pris le fuseau, que ses mains se sont appliquées à des travaux de lin et de laine. C'était bien dire tous les travaux de la vie habituelle; prendre le fuseau, filer, c'était l'image de la vie; c'était l'image de ces devoirs continuels du travail que la femme peut remplir dans tous les états sociaux; que la bergère remplit en gardant son troupeau, que la femme de la société romaine d'autrefois comme celle de la société chrétienne savaient accomplir, afin de remplir par là le précepte de l'aumône. Saint Jérôme écrivant à plusieurs grands personnages retirés dans la solitude, leur parle de leurs mains trop délicates autrefois, habituées à prendre les soins minutieux de la toilette et s'appliquant maintenant à panser les plaies, à tisser la laine pour faire des vêtements aux pauvres. Donc, nécessité générale du travail pour tous : c'est la loi de la création de l'homme et le châtiment de sa chute.

Travail de l'esprit, celui-là est le plus difficile; aux yeux des populations ignorantes, il passe pour le moins pénible et il est peut-être le plus douloureux, le travail de la pensée. Ne penser à rien, c'est ce rude labeur de la brute, c'est la stérilité de l'esprit; penser à tout, pourvoir à tout, savoir administrer sa maison, entrer dans tous les détails, voilà le travail qui nous rapproche de Dieu, puisque c'est Dieu qui gouverne le monde comme nous nous gouvernons le petit monde dont il nous a chargés.

Le travail des mains est le plus matériel, c'est cependant celui auquel le Sauveur a voulu se soumettre pendant trente ans dans l'atelier de saint Joseph et sous sa direction; travail des mains que la bienheureuse vierge Marie accomplissait; devoirs d'intérieur auxquels elle était soumise comme une servante; n'a-t-elle pas fait cette robe sans couture que les ennemis du Sauveur lui arrachèrent de dessus les épaules au moment de sa flagellation, et qu'ils n'osèrent pas couper au pied de la croix, travail imité par tous les saints personnages. Saint Paul nous dit que dans sa pauvreté évangélique, allant annoncer l'Évangile, il travaillait la nuit à faire des tentes, métier qu'il avait appris dans sa jeunesse. Remarquez cependant que saint Paul était d'une naissance illustre. Mais les Romains avaient l'habitude de s'exercer au travail manuel, travail salutaire à leur santé, au développement de leurs membres, travail qui serait bien salutaire même aujourd'hui, car dans les temps où nous vivons, on n'est sûr de rien, il serait bon pour tout homme d'avoir, comme dit le peuple, un gagne-pain entre ses mains. Je sais, mes frères, que le travail des mains est absorbant et qu'il est bien peu lucratif; qu'il est quelquefois dangereux pour les jeunes gens et les jeunes filles; mais je crois qu'il y aurait des travaux plus utiles que ces longs exercices de musique qui absorbent une grande partie de la journée; qu'il y aurait des habitudes plus profitables.

Après avoir parlé des différentes sortes de travaux imposés à l'homme par la loi du travail, disons ceux qui travaillent. Tous, je l'ai dit, nous devons travailler pour avoir notre pain. Mais ici, je m'arrête saisi d'épouvante devant une question grave, politique, si vous voulez, mais aussi religieuse, humanitaire avant tout; une question qui doit tous nous préoccuper, soit à la ville, soit à la campagne, la question du travail continuel et du salaire insuffisant.

Ah! s'il est pénible de travailler, de gagner son pain à la sueur de son front, il est bien plus pénible quand on a travaillé de n'avoir pas gagné le pain nécessaire pour soi et pour sa famille; vous avez entendu quelquefois les gémissements du laboureur qui a travaillé toute l'année dans les champs, et qui a recueilli insuffisamment pour sa famille et pour ses vieux parents; vous serez près de ces pauvres gens l'envoyé de la Providence, en venant compléter ce qui manque à un salaire si durement gagné. Cependant à la campagne tout se passe avec moins de difficultés; le pauvre trouve encore au bord du chemin un peu de bois mort pour se chauffer; sa chaumière est sa chaumière : elle lui est souvent venue de son père; il y a pour lui moins de difficultés dans la vie que pour celui qui habite nos cités.

Oui, dans nos villes le salaire est insuffisant pour de pauvres ouvrières qui se consacrent jour et nuit à votre luxe et qui perçoivent bien peu de ces torrents d'or et d'argent qui coulent de vos mains pour satisfaire vos exigences de luxe dans vos vêtements.

Prenez-les en pitié; la faim donne de mauvais conseils; venez au secours de leurs nécessités spirituelles et corporelles par un concours sérieux, plein de charité et d'indulgence. Sans résoudre la question générale des salaires, rentrez avec courage et bonne volonté dans des questions de détail qui se présentent autour de vous.

Le travail du riche : ceux qui ont le suffisant et ceux qui ont le superflu, que doivent-ils faire de leur temps? Ils doivent travailler et travailler pour des œuvres utiles. Le peuple de Rome, d'après le témoignage des auteurs anciens, demandait à ceux qui le gouvernaient, du pain et des spectacles, *panem et circenses!* Et quand le peuple-roi avait du pain et des spectacles, il était satisfait. Le peuple français aujourd'hui a un autre cri; il demande du pain, mais il demande d'abord des spectacles et du pain ensuite. Voilà le cri de la population inférieure; c'est en même temps le cri de la population aisée, remarquez-le bien; pour vous, d'abord le superflu, ensuite le nécessaire: d'abord la robe de soie, ensuite le pain s'il reste de quoi en avoir. Ce temps superflu que vous avez, vous l'emploirez à la charité, vous travaillerez par vos démarches, vous travaillerez de votre main, par votre aiguille, puisque l'Esprit-Saint nous dit que la femme forte a pris le fuseau et a filé le lin et la laine, c'est-à-dire qu'elle s'est occupée de tous les ouvrages qui se font avec le lin et la laine.

Qu'est-ce donc que le lin et la laine? laissez-moi vous donner l'explication morale que saint Augustin donne de ce texte par rapport à notre vie. Le lin, dit-il, ce sont les vêtements intérieurs, la laine, ce sont les vêtements du dehors. Le lin, c'est la pureté de la vie, toutes les vertus intérieures, toutes les perfections qui doivent être au dedans de nous, que Dieu seul peut voir, que le monde ne connaît pas, c'est ce qui nous garantit du froid, ce sont les vertus apparentes. Mes Frères, vous travaillerez à enrichir votre âme de toutes les vertus du dedans et du dehors. Par le lin et la laine, vous entendrez aussi le travail de vos mains, vos broderies, vos tapisseries; le travail du lin ce sera de préparer de vos mains des layettes pour les pauvres femmes qui n'ont pas de quoi entourer les membres délicats de leurs enfants quand ils viennent au monde; le travail de la laine ce sera de préparer quelques couvertures, afin de réchauffer leurs petits membres refroidis par la misère. Et puis si ces travaux vous semblent trop durs, trop difficiles pour vos doigts délicats, je viens proposer à votre charité, dans vos longs loisirs de la campagne, le moyen d'être utiles aux pauvres, au lieu de perdre votre temps en futilités et souvent en médisances; c'est de faire quelques lots pour les loteries destinées à nos pauvres, maintenant unique et précaire ressource des pasteurs dépouillés par les violences de la rue ou de la loi; par là, plus tard, vous exciterez la charité des autres.

Après avoir parlé du travail de nécessité, du travail insuffisant, du travail de charité, nous allons dire un mot des occupations.

Ces occupations, ce sont nos devoirs et en les prenant dans un sens général, au point de vue le plus élevé, tous ici-bas nous avons des devoirs et tous nous sommes par rapport à nos devoirs, dans trois dispositions : ou bien nous les remplissons convenablement, ou bien nous nous laissons absorber de manière à ne pas faire autre chose, ou bien nous les négligeons, épouvantés, effrayés par leur multiplicité. Ce sera là qu'il faudra mettre l'ordre et la bonne harmonie, afin que nous puissions mettre chaque chose à sa place, et les devoirs de charité, de dévoûment, de sacrifice de nous-mêmes et le devoir de la prière, car je n'ai rien dit du travail du cœur, parce que je le réserve pour une autre instruction; du travail de l'âme, du travail de la grâce qui s'opère par la main de Dieu sur nous quand nous sommes dociles et fidèles. Parmi nos occupations, les unes sont nécessaires, utiles; ce sont les choses de la vie pratique, les réalités de la vie; elles renferment votre perfection de tous les instants et de tous les jours. Il est dit de la femme forte qu'elle a mis sa main fortement aux petites choses, qu'elle a su diriger tous les détails de son existence et c'est ce que nous devons tous savoir faire dans notre intérieur. Il y a un certain orgueil qui ne veut point se mêler des détails de la vie, on les regarde comme au-dessous de soi, on les méprise, on se croit trop d'esprit, trop de richesses pour s'occuper de ces minuties, de ces bagatelles. On se targue d'ignorance en ces sortes de détails et on se glorifie de n'y rien comprendre; c'est une faute devant Dieu; Dieu, dans sa grandeur et dans la sagesse de sa Providence, s'occupe des besoins de la fourmi, de la goutte d'eau que nous foulons aux pieds; Dieu est grand et puissant dans les grandes choses, mais il est infiniment admirable dans les petites; il veut que nous soyons de même; que nous soyons grands par la pensée, élevés par les désirs et les intentions de notre âme, mais aussi doux, humbles, modestes et parfaits dans les moindres actions de notre existence; nous trouverons dans sa grâce, l'énergie de ces héroïsmes cachés; et si compliquée que soit notre vie, nous pourrons avec courage et énergie en accomplir tous les devoirs.

D'abord nos devoirs religieux, devoirs de famille et de société, devoirs sérieux, devoirs futiles; voyez dans quel ordre nous les plaçons, voyez si dans votre existence les devoirs futiles dominent tout; si votre vie n'est pas tellement absorbée par eux qu'il n'y ait plus de temps pour les autres? Voyez si les devoirs de la vie ne se placent pas après les visites dont quelques-unes sont peut-être dangereuses, inutiles, coupables, souvent trop longues; après, les conversations que je qualifierai de même; conversations dangereuses, inutiles, coupables. Voilà pourquoi nous ne trouvons pas le temps de remplir nos devoirs, de répondre à ce que Dieu demande de nous

Au nombre des devoirs sérieux, nous mettrons les devoirs d'intérieur; tenir notre maison. Nous saurons que pour le bien faire il faut autre chose que beaucoup d'argent et beaucoup de goût, soit pour la décoration, soit pour les arrangements; qu'il faut plus même que beaucoup d'esprit, qu'il faut beaucoup de soin, de vigilance et de peine, et que tout cela est un véritable travail : savoir pourvoir à tout, ordonner tout, mettre la main à tout. Nous devons ressembler à Dieu; vous ressemblerez à Dieu quand vous serez au centre de votre intérieur calmes, impassibles, voyant tout, gouvernant tout par votre volonté, faisant tout obéir et restant toujours dans la placidité de votre cœur, vous possédant vous-mêmes dans la paix et la patience, et cependant organisant autour de vous; alors vous serez forts, parfaits et chrétiens.

Vous saurez aussi autour de vous attirer et retenir; comprenez bien ces deux mots, retenir et attirer les vôtres; vous saurez donner à ceux qui vous entourent ce bien-être moral qui se trouve partout avec l'ordre, la charité et la justice; tout sera bien ordonné autour de vous et dans votre intérieur, voilà comment la vie passera plus heureuse, plus douce pour vous et pour ceux qui vous entourent.

Votre occupation sera de vous occuper de tout le monde, des plus petits comme des plus grands; de l'âme, de l'esprit, du caractère de vos enfants; de vous occuper de vos serviteurs, de leurs nécessités, et quand je dis leurs nécessités, je vous demande en grâce de mettre la nécessité de l'âme, l'instruction religieuse avant encore les nécessités de leur corps et celles de votre service ; de ne pas fatiguer ces pauvres gens, de ne pas les épuiser en les faisant coucher bien tard et lever bien tôt.

Occupez-vous de leur vêtement, puisqu'il est dit de la femme forte que tous ses serviteurs avaient un double vêtement. Voilà comment vous aurez pourvu par votre travail d'esprit aux nécessités de tous, et quand vous aurez fait cela, vous aurez à vous occuper de vous-mêmes, vous partagerez votre temps de manière à ne pas le perdre, et pour cela, vous vous imposerez tous les jours une tâche ; vous distribuerez vos obligations de manière à arriver avec courage et persévérance à tout accomplir. Alors votre vie sera utile et vous ferez la volonté de Dieu dans tous les détails de votre existence.

Je ne dirai que peu de chose des occupations inutiles, dangereuses, ou coupables. Elles se résument dans cette parole de l'Écriture sainte qu'il m'est dur de répéter, et qu'il vous sera dur d'entendre si vous comprenez ce qu'elle a de fort et tout à la fois de méprisant, de menaçant et de terrible. Le Saint-Esprit se sert, par rapport à ceux qui passent leur vie dans des occupations inutiles, coupables et dangereuses, de cette parole : il les appelle ouvriers d'iniquité, ouvriers qui ne savent faire que du mal, qui ne travaillent qu'à de mauvaises actions, à y réfléchir, à les combiner, à les exécuter. Ah! figuiers stériles, arbres sans fruits, vous n'êtes bons à rien; vous serez arrachés, et la punition ne se borne pas là, vous serez jetés au feu, c'est la sentence du texte sacré. Voilà, mes Frères, comment Dieu flétrit et punit la paresse, la vie inutile. Et qu'est-ce que la vie de tant d'hommes et de tant de femmes dans ce monde, de tant de gens qui dépensent beaucoup et produisent bien peu? Je le dis au point de vue de Dieu, au point de vue de la société, c'est une vie inutile parce qu'elle est stérile. Par conséquent, Tertullien avait bien raison de dire que l'homme ou la femme qui mène une pareille vie est un animal de volupté et de vaine gloire qui consomme tout et ne produit rien.

Ce n'est pas, mes Frères, que je veuille blâmer la vie de loisir ; non, le loisir, le repos, c'est un don de Dieu, mais comme tous les dons de Dieu, il est dangereux ; l'esprit, la santé, la fortune, les richesses sont des dons de Dieu, mais c'est trop souvent avec ces dons de Dieu que nous l'offensons et que nous nous pervertissons.

L'esprit, nous nous en servons contre Dieu pour nous opposer à sa vérité, à la révélation de ses mystères ; les forces de notre corps, nous les épuisons dans les plaisirs et la débauche, nous nous en servons pour courir dans la voie du mal ; notre argent, nous nous en servons pour payer tous nos crimes, toutes nos fautes, toutes nos faiblesses ; et notre temps que Dieu nous a donné pour nous sauver, à quoi l'employons-nous ? au lieu de nous en servir pour rendre notre âme meilleure, pour cultiver cet arbre, lui faire produire des fruits bien doux pour nous, pour nos enfants, pour la société, bien agréables à Dieu, nous le perdons en choses inutiles et le plus souvent coupables.

Sortez de cette vie inutile, de cette position dangereuse, pénible et coupable, pénible, parce qu'il n'y a rien de si accablant que de se sentir insupportable à soi-même, incapable de rien et inutile à tout le monde, que de sentir son cœur vide, plein d'un ennui et d'une mollesse qui le rongent comme la rouille ronge le fer. Hélas! que de mal engendre l'ennui, que de fautes, que de turpitudes il amène! voilà pourquoi j'ai ajouté dangereux. Il n'y a rien de plus dangereux que l'oisiveté, que l'inutilité de la vie, parce qu'elle nous aveugle, nous amollit, nous appesantit : la tentation qui nous trouve inoccupés, si elle vient plusieurs fois frapper à la porte de notre cœur, finit par entrer, et vous savez que bientôt elle y commande : enfin, coupable, parce que c'est le commencement de notre condamnation. L'arbre qui produit de mauvais fruits sera arraché et jeté au feu.

Le défaut opposé est un défaut commun dans ce siècle; trop de travail, trop d'activité, une surexcitation qui fait que la vie est trop courte, que les journées ne sont jamais assez longues, et qu'il faut y ajouter encore les nuits pour le plaisir : surexcitation qui est de la part de l'esprit du mal une ruse qui perd, une tyrannie qui domine : une ruse qui nous perd, parce que nous n'avons pas le temps de nous occuper de choses sérieuses et que nous sommes toujours à la poursuite de fantômes légers qui fuient devant nous; nous abandonnons ainsi nos devoirs les plus sérieux : tyrannie qui nous domine, car nous sommes condamnés à nous amuser à perpétuité et à fuir la réflexion, le recueillement et tout ce qui pourrait nous rapprocher de Dieu, sous peine de tomber dans le malaise du vide ou la torture du remords.

Méditez, mes Frères, cette grande loi du travail imposée à toutes les créatures et tâchez, à la suite de ces réflexions, de mieux remplir vos devoirs envers Dieu, envers votre prochain et envers vous-même ; tâchez de mieux comprendre cette obligation d'être utiles à tous et de gagner son pain à la sueur de son front, et si Dieu vous a accordé votre pain sans que vous soyez obligés de le lui demander, remerciez-le, bénissez-le dans votre reconnaissance. Ah ! si Dieu ne vous l'avait donné que les jours où vous le lui avez demandé et où vous l'avez mérité, que de fois il eût manqué sur votre table !

Si vous ne vous êtes pas toujours souvenu que Dieu était votre père, que vous étiez ses enfants, que chaque jour il vous préparait votre pain, rappelez-vous cette parole du prophète : Le bœuf et l'âne connaissent la main qui leur apporte chaque matin leur nourriture et l'homme ne m'a pas connu !

Donc, mes Frères, vous connaîtrez Dieu qui vous a tant donné ; vous le remercierez, vous recevrez votre pain avec reconnaissance et vous en distribuerez les miettes aux pauvres. L'exemple du Sauveur et de la bienheureuse vierge Marie pendant trente années à Nazareth nous apprendra à comprendre qu'il y a de grands cœurs, de grandes âmes, dans de modestes existences, et fût-ce notre destinée de balayer tous les jours une pauvre échoppe, nous saurions par ce travail, modestement et fidèlement accompli, gagner la récompense que Dieu a promise aux âmes utiles.

Vous saurez vous rendre utiles par votre dévoûment, par vos soins de chaque jour prodigués à l'intérieur de vos familles. A l'homme, les travaux du dehors dont le poids est souvent bien lourd à supporter : à lui les luttes contre l'ambition, contre les improbités, contre les ennemis de la famille : à la femme, les devoirs du dedans et aussi ses joies si douces : à nous tous les grands devoirs de l'existence, le travail utile que Dieu a imposé à l'homme, et quand nous avons fait cela, nous remplirons aussi ce grand travail de l'âme que je ne fais que mentionner aujourd'hui; ce grand travail de Dieu dans nos cœurs par lequel sa grâce élève, développe, améliore, réforme toute la nature pour le présent et pour l'avenir.

Ne vous demandez pas si souvent ce que sera l'avenir. Dieu a voulu que nous marchions avec une confiance entière en sa sagesse et sa miséricorde; nous ferons ce qu'ont fait nos pères, nous avons reçu toutes les vérités que nous enseignons, de ceux qui sont venus avant nous; ils ont eu à traverser des jours plus mauvais (espérons) que ceux que nous aurons à traverser. Ils ont vécu au milieu des bouleversements, des révolutions, de l'incrédulité; ils ont gardé, sauvegardé la foi que nous pratiquons et que nous prêchons; restons-y fidèles, et quelles que soient les ténèbres de l'avenir, marchons avec confiance et emportons les trésors de nos mérites au fond de nos cœurs. Nos mérites, ce sont toutes ces petites actions, c'est l'accumulation de nos bonnes œuvres; mérites que Dieu récompensera en nous bénissant d'abord en ce monde et en nous donnant ensuite la récompense éternelle.

Ainsi soit-il !

HUITIÈME INSTRUCTION

SUR LA FEMME FORTE.

Ses vêtements.

« Elle est vêtue de lin et de pourpre, ses enfants et ses serviteurs ont un double vêtement ; elle a donné une ceinture à ses serviteurs ; la grâce est trompeuse et la beauté est vaine. »

Ce sont, mes Frères, ces versets de notre chapitre des Proverbes qui vont être le sujet de cette instruction.

Le vêtement des femmes, l'excès dans la toilette a été une des principales causes qui ont excité souvent l'indignation et l'éloquence des Pères de l'Église; après l'exposition et la défense de nos dogmes, après l'aumône et les œuvres de miséricorde, il est peu de sujets sur lesquels ils aient davantage écrit.

Le luxe dans les vêtements a toujours été une plaie dans les sociétés, et c'est peut-être la plaie la plus profonde de la société moderne. A cet excès se rattachent les trois concupiscences, dont parle saint Paul; l'orgueil, la sensualité et la cupidité.

Que de jalousies, que d'orgueil, que de cupidité pour arriver à satisfaire des goûts exagérés de toilette et de parure! vous allez comprendre, sans parler de toutes les pensées coupables qui s'y joignent, que si le luxe de la toilette a été une plaie dangereuse pour toutes les sociétés, c'est peut-être la plaie la plus dangereuse de la nôtre, dans le siècle et la société où nous vivons. Remarquez-le bien, Dieu nous a fait naître, jusqu'à présent nous a fait vivre et probablement nous fera mourir dans un temps de révolution. Que veut l'esprit de révolution? Deux choses, en bas (vous l'avez entendu dans les rues et je vous le rappelle), on veut l'égalité dans la misère. Nous sommes malheureux, nous portons des haillons et nous voulons que tout le monde porte des haillons avec nous. Voilà ce qu'on veut dans les bas fonds de la société; dans les parties élevées, c'est l'égalité encore, non pas l'égalité de fortune, on sait qu'elle n'est pas possible, qu'on la constituerait aujourd'hui que demain le niveau serait détruit, mais ce qu'on demande, c'est l'égalité dans les apparences. Tout le monde veut paraître également riche dans les ameublements, dans la toilette, dans tout ce qui constitue le luxe d'une société. Vous l'avez reconnu vous-mêmes, c'est là l'esprit de notre temps.

Ce fait établi, mes Frères, disons que la femme forte a organisé tout dans sa maison, qu'elle y fait régner l'ordre et à côté de l'ordre l'aisance qui vient presque toujours en même temps. Par conséquent, ses enfants et ses serviteurs ont un double vêtement. Ce mot a deux sens, dans les commentateurs de la sainte Écriture : ces mots *ils ont un double vêtement* veulent dire qu'il y a une certaine aisance dans la maison ; que les serviteurs et les enfants ne sont pas obligés de porter tous les jours le même vêtement, qu'ils en ont pour les temps chauds, qu'ils en ont pour les temps froids.

Ils ont un double vêtement, cela signifie encore qu'ils ont des vêtements de travail et des vêtements de fête, car dans la maison de la femme forte on respecte la loi du dimanche et les jours consacrés au Seigneur.

« *Elle a donné une ceinture à ses serviteurs.* » Dans notre liturgie, la ceinture est toujours le symbole de la vigilance, de la chasteté. Rappelez-vous ce texte de l'Écriture. Ayez vos reins ceints pour être toujours prêts à partir et à paraître devant Dieu. « Vous vous donnerez cette ceinture et la donnerez à vos serviteurs, vous les surveillerez dans leur conduite, vous protégerez leurs mœurs. »

Vos enfants n'ont-ils qu'un double vêtement? ne vous amusez pas à développer chez eux ce qui aurait besoin d'être réprimé, l'instinct de coquetterie et de vanité en faisant de ces pauvres enfants de véritables poupées que vous êtes occupées sans cesse à habiller et à parer? C'est un danger pour leur âme et même pour leur corps, parce que lorsque vous les avez ainsi couverts de dentelles, ils sont contraints de ne pas remuer, pour ne pas se salir et déranger leur toilette; leurs petits membres ne peuvent se développer par un exercice salutaire ; ils sont condamnés à une immobilité pénible pour eux et dangereuse pour leur santé; ils sont comprimés malgré eux par votre amour de luxe, par votre vanité et votre orgueil.

Son mari, dit le texte, *est convenablement vêtu*, il paraît avec honneur dans les assemblées publiques. Vous le savez, mes Frères, en Orient, depuis Abraham jusqu'aux Arabes de nos possessions d'Afrique, le vêtement n'a pas changé, il est encore le même : un peu plus ou un peu moins orné suivant le rang qu'on occupe dans la tribu. L'Orient a gardé la tradition des premiers temps, l'Occident a eu sous ce rapport bien des vicissitudes, mais grâce à Dieu aujourd'hui nous n'avons plus à récriminer contre l'orgueil efféminé des hommes, contre leur parure de soie et de broderies; les orages qui ont renversé bien des choses, ont aussi emporté des usages trop apprêtés. Maintenant on peut regarder l'homme dans ses vêtements officiels comme un modèle de modération et de raison; pour lui, il n'y a plus dans sa parure qu'une certaine convenance qu'inspire le respect de soi-même et qui commande celui des autres.

Nous arrivons aux vêtements de la femme; n'a-t-elle pour elle-même que deux vêtements? Je l'entends réclamer en faveur des quatre saisons. Il y a peu de jours, à l'occasion des quatre temps institués pour expier les péchés des quatre saisons de l'année, je demandais à une jeune enfant, quel était ce péché des quatre saisons, elle répondit que c'était la coquetterie. Elle avait parfaitement raison, chaque saison de l'année est un prétexte pour augmenter le nombre malheureusement si considérable de robes faites pour être mangées par les vers, jusqu'à ce que celle qui la porte soit elle-même dans le tombeau, dévorée à son tour; c'est l'expression sévère d'un saint docteur que je ne fais que répéter. Mes Frères, je vous ai déjà demandé de ne pas offenser Dieu par l'accumulation de choses inutiles qui ne servent ni à vous, ni à vos serviteurs, ni aux pauvres. Je viens réclamer en leur faveur afin que vous sachiez vous exécuter pour ces vieilles choses usées et celles plus nombreuses, moins usées, qui feraient la joie de vos serviteurs et le bien-être des pauvres et que votre luxe rougit de porter.

La charité ingénieuse de quelques femmes pieuses et zélées a établi parmi nous, une œuvre bien utile, l'œuvre dite des *Tabernacles*. La charité surmonte toutes les répugnances. Il semblait que ce fut une sorte de profanation d'employer au service de l'autel les restes des vanités, des futilités du monde, le prophète reproche aux filles de Jérusalem d'être ornées comme des temples, avec les débris de ces magnificences, on enrichit des sanctuaires pauvres et délaissés. Cette œuvre s'occupe de la confection de tous les ornements nécessaires aux pauvres églises, qui n'ont souvent que des lambeaux pour couvrir les pauvres ministres des autels ; votre charité serait étonnée de l'industrie des personnes riches, aisées, ayant du temps à consacrer à cette œuvre. Avec des petits bouts de rubans que vous laissez tomber, avec ces mille petits riens qu'emporte le balai de vos maisons, elles trouvent moyen de former de charmantes petites fleurs, ornements précieux pour les pauvres églises de campagne. Que si vous êtes choquées de voir employer au service des autels les restes de la vanité mondaine, faites mieux et donnez avec générosité aux églises pauvres des objets plus riches et plus dignes du Dieu qui les habite et qui est si libéral envers nous.

Je continue : *La femme forte s'est fait une robe précieuse*. Remarquez ce mot *s'est fait*, elle n'a pas eu besoin d'ouvrière, elle s'est fait elle-même une robe, elle ne s'en est pas fait plusieurs, elle s'est fait une robe. *Strangulatam*, ma plume a tremblé quand j'ai écrit ce mot, parce que tous les commentateurs ont cherché à éviter le sens trop matériel de cette parole, et le voici : Cette expression vous rappelle le mot strangulation. On a évité de dire dans la traduction du texte sacré : elle s'est fait une robe qui l'étranglait, c'est cependant le sens littéral. Ainsi il s'agit au moins de ce que vous appelez une robe montante. Je n'ajoute pas de commentaires, vous comprenez quels désordres l'Esprit-Saint a voulu flétrir.

Elle est vêtue de lin et de pourpre : Nous l'avons dit, le lin, ce sont les vertus intérieures, la laine, ce sont les vertus extérieures. Saint Augustin, qui nous donne ce commentaire, ajoute : « Le lin, c'est la pureté de toutes nos actions ; la pourpre, c'est la charité, c'est la couleur de l'amour pour Dieu et pour le prochain. Voilà quel est le vêtement de l'âme chrétienne ! la pourpre lui rappelle aussi le vêtement que portait le Sauveur dans sa passion, et si elle se rappelle les ignominies et les humiliations de la passion, elle ne la portera qu'avec la crainte de tomber dans les dangers de l'orgueil. »

La pourpre, ajoute un autre père de l'Église, c'est le vêtement de tous, bons et méchants. Quand la moisson ne fait que paraître, dit-il, à la surface de la terre, l'ivraie et le bon grain ont la même apparence, on ne peut les reconnaître que quand ils commencent à fructifier ; de même les ornements de la toilette sont les mêmes pour les bons et les méchants. Ne jugeons donc pas la valeur morale des gens par leurs vêtements extérieurs. La pourpre peut revêtir une sainte Élisabeth, elle peut aussi parer le mauvais riche, ou Madeleine qui traîne sa robe dans les rues de Jérusalem; nous sommes disposés trop souvent à donner quelqu'estime aux personnes que nous voyons ornées d'une manière brillante. Sachons ne pas nous en tenir à l'extérieur et traiter avec égards, charité et bienveillance ceux qui sont vêtus de pourpre et ceux qui n'ont pour se couvrir que de pauvres haillons.

« *Elle s'est fait une robe de pourpre,* » quel était son but? C'était un devoir qu'elle remplissait; c'est un devoir de s'habiller selon sa condition et quand cette condition est opulente, c'est une obligation pour nous de mener une vie large, car telle est la volonté de Dieu. Mais est-ce bien pour plaire à Dieu que nous sommes magnifiques dans nos parures? Nous venons de le dire, c'est plutôt parce que les hommes voient le dehors, qu'ils ne peuvent juger que nous cherchons à les tromper par les apparences. Dieu ne nous juge point sur l'extérieur; il voit le fond de notre cœur et il sait au-dessus de tout cet appareil démêler ce que nous ne savons pas y démêler nous-mêmes. Dieu voit notre cœur et il ne nous juge pas sur nos vêtements ni sur nos apparences.

Saint Paul, le docteur des nations, parlant à la femme chrétienne, lui dit qu'elle doit orner ses vêtements afin de plaire à son mari. *Plaire à son mari;* il n'a pas dit plaire à ceux qui nous entourent; hélas! le mari, que fait-on pour lui plaire? S'il était consulté il demanderait bien autre chose que des vêtements brillants? on prend ce prétexte, on orne son corps avec somptuosité et on oublie les dispositions de l'âme, de l'esprit, du cœur et du caractère. Souvent il se plaint des dépenses dans lesquelles on l'entraîne, et dont le résultat est d'exciter la jalousie dans son cœur, d'éveiller en lui des soupçons par la désinvolture d'une conduite légère et d'une vie où le luxe a une si grande part.

Je dirai alors avec un saint docteur : Vous, femme, si habile à plaire à votre mari par votre parure et votre toilette, tâchez de lui plaire un peu plus par les choses de l'intérieur, par les condescendances de la vie privée et les habitudes qui font le bonheur de tous les jours.

Vis-à-vis le prochain, il faut garder, tenir sa position. Expliquons d'abord ces mots : nécessité, convenance, simplicité. Ils sont tellement élastiques que nous nous servons les uns et les autres de la même parole pour exprimer souvent des choses très-différentes. Nécessité, chose nécessaire, c'est un mot qu'on applique à tout. Ouvrez ces petits meubles qu'on appelle nécessaires, ils sont remplis de choses inutiles.

Convenances, ce mot s'élargit tellement qu'on ne sait plus quelle est sa portée et qu'une tenue qui est à peine convenable se trouve souvent qualifiée de très-convenable.

Simplicité, ce mot est bien obscur dans le langage du monde ; qu'une personne soit vêtue avec un luxe exquis, on dira qu'elle est simple, qu'elle est d'une élégante simplicité.

Je sais que tout est discutable ; je sais

ce que réprouvent la raison et l'Évangile; je sais aussi ce que demandent les usages, la mode et certaines convenances. Quelle est la bonne mesure et comment faire pour tout concilier? Vous vivez au milieu du monde, vous ne pouvez porter le cilice de Jean-Baptiste, mais vous ne devez pas porter, non plus les séductives parures de Madeleine. Quel milieu prendre? Ne rien faire qui puisse choquer par l'inconvenance et ne rien faire qui puisse nous faire remarquer par notre arrogance.

On dit toujours qu'on veut faire comme tout le monde, illusion! on ne veut pas faire comme tout le monde, mais mieux que tout le monde. On veut primer tout le monde, et voilà pourquoi l'Écriture sainte a bien raison d'ajouter ces deux mots : « La grâce est trompeuse. » *Fallax gratia*. Quelle est la grâce qui n'est pas trompeuse? Ah! c'est cette grâce de la beauté intérieure que Dieu voit et que nous appelons la grâce chrétienne. Quand notre âme est en état de grâce, Dieu s'y complaît, Dieu la voit, la comble de ses bénédictions; la grâce chrétienne nous rend agréables à tout le monde, nous rend bienveillants, incapables de provoquer la jalousie de personne, serviables, affectueux, parce que tout ce que nous disons, tout ce que nous pensons est l'expression de notre âme et de notre cœur. Quelle est donc la grâce qui est un vice? Il n'y a pas besoin que l'Écriture vienne nous le dire; la grâce trompeuse, ce sont les paroles mielleuses que l'on vous dit, ce sont ces flatteries qui vous charment tant et qui ne sont cependant que mensonge. La grâce trompeuse, c'est encore cet air joyeux quand on a le remords, l'agitation dans le cœur, quand l'inquiétude vous dévore et que le sourire s'épanouit sur les lèvres. La grâce qui est trompeuse est celle qui fait que l'on paraît riche, aisé, quand on est dans la pauvreté et la gêne. Tout cela, c'est la tromperie du monde, et l'Esprit-Saint avait raison de dire que dans le monde la grâce est trompeuse. *Fallax gratia.*

Et la beauté est vaine. C'est la beauté du corps qui est vaine, car la beauté de l'âme grandit avec les années, et à mesure que la vie s'avance, l'âme devient plus belle, plus respectable, plus parfaite en toutes choses. La beauté du corps, au contraire, comme le dit le Saint-Esprit, c'est la fleur des champs qui s'épanouit, brille un instant et se dessèche bientôt en tombant sous la faux. Et Notre Seigneur, dans l'Évangile, jette un défi désespérant pour la femme vaine : « Vous serez vêtue aussi somptueusement que Salomon, vous n'arriverez pas à surpasser le lys de la vallée, et l'herbe des champs que vous foulez aux pieds. »

Nous saurons donc que la beauté est vaine parce qu'elle passe vite, qu'elle ne dure qu'un moment, et puis parce que tout ce qu'elle attire d'éloges, tout ce qu'elle procure de joie, d'ivresse, tout cela est peu de chose. Quel faux bonheur, en effet, que de se sentir loué, admiré, que d'être complimenté la plupart du temps par des gens qu'on ne connaît pas et qui ne vous connaissent pas ! C'est le vain bruit d'une trompette retentissante qui nous étourdit un instant, qui nous charme, qui nous enivre et qui finit souvent par déchirer notre cœur, et d'une manière bien dure, parce qu'après vingt paroles qui nous ont charmé, il en est une qui nous renverse par sa cruelle méchanceté.

Ceci posé, je vais vous adresser une question. Quand vous allez dans la société, quel est le sentiment que vous voulez développer dans les autres ? Est-ce l'admiration ? l'adoration de vous-mêmes ? Est ce au contraire une douce et chrétienne bienveillance ?

La femme forte, quand elle est vêtue de sa robe de pourpre, va paraître dans le monde ; elle sera modeste ; elle ne sera pas provocante ni provocatrice ; elle ne sera pas séductrice ni même séduisante ; je vous en demande pardon, elle sera honnête, droite dans ses intentions, modeste dans ses apparences. Vis-à-vis des autres femmes, elle ne sera ni arrogante, ni jalouse. La femme du monde peut souvent être comparée, lorsque devant son miroir elle apprête sa parure, à un guerrier qui regarde s'il ne manque rien à son armure, s'il peut aller attaquer l'ennemi, l'écraser et le faire gémir sous le poids de son mépris ; voilà souvent le but de la parure : c'est d'écraser les autres quand ce n'est pas un motif plus mauvais encore.

J'y trouve quatre inconvénients :

Absorption complète de notre vie, de nos pensées ;

Dépenses immodérées de nos ressources ;
Gaspillage de notre temps ;
Dangers pour notre âme.

Absorption complète de nos pensées dans un seul but. Lorsque la femme du monde se réveille, au lieu d'élever son âme vers Dieu et de le remercier de cette nouvelle journée qui se prépare pour elle, sa première occupation est de savoir quelle robe elle mettra ; suivez-la dans tous les détails de son existence, c'est toujours le même idéal qu'elle poursuit; écoutez sa conversation, elle parle toilette; suivez-la dans ses courses, elle va chez le parfumeur, chez la modiste; ses contrariétés, ses douleurs ont toujours la même origine; c'est son amour-propre froissé, ce sont les mauvaises passions qui dominent son cœur et qu'elle ne peut vaincre, elle est dans l'ensorcellement de la bagatelle, comme dit l'Esprit-Saint.

Dépenses immodérées. Nous l'avons dit d'une manière bien frappante et bien douloureuse, quand nous avons établi le budget de la femme forte; nous avons dit que pour elle son mari était un banqueir auquel elle demandait sans cesse de l'argent; qu'elle était semblable à ces chevaux de luxe et à tous ces animaux qu'on élève pour le plaisir de les montrer, et qui ne rendent aucun service; tandis que la femme chrétienne, au lieu d'être une femme de luxe était une femme utile, élevée pour remplir un devoir d'épouse et de mère de famille; qu'elle enrichissait sa famille et qu'elle n'avait pas besoin d'avoir recours à tous ces stratagèmes que l'Esprit-Saint condamne et flétrit par cette parole : « Elle n'aura pas besoin de dépouilles. »

Le temps gaspillé. Ce temps précieux que Dieu nous a donné pour gagner la vie éternelle, pour remplir cette mesure de mérites après lesquels il veut nous couronner, à quoi l'emploie la femme du monde? A faire sa toilette; toilette du matin, toilette de la journée, toilette du dîner, toilette du soir, je n'exagère pas. Toilette du matin pleine de précautions, d'habiletés pour se cacher et se faire valoir par un gracieux désordre, afin de faire plus d'impression sur ceux qui la rencontreront. Toilette du soir.... (je ne parle pas de celle du dîner dans laquelle on n'oserait pas sortir dans la rue), toilette du soir, qu'on a si bien désignée d'un mot qui me dispense d'un plus ample commentaire, toilette incomplète.

Vous voyez, mes Frères, que depuis le matin jusqu'à l'heure la plus avancée de la nuit, sa vie se passe dans des ajustements et des sentiments coupables, ou au moins bien dangereux pour son âme à laquelle elle ne pense guère, et pour l'âme des autres. Aussi, devoirs de piété, de famille, de ménage; relations sociales, ces relations peu brillantes mais solides, de famille ou d'amitié; elle n'en trouve plus le temps, tout cela disparaît de la vie d'une femme vaine, elle est absorbée par la bagatelle.

Après ces détails, hélas! si vrais, si peu exagérés, vous comprendrez mieux tous les freins que la raison (car j'ai parlé raison autant que religion dans cet entretien), tous les freins que la foi et l'Évangile voudraient imposer à cet envahissement de la parure, de la toilette; lèpre de la société actuelle qui ronge toutes les classes jusqu'aux pauvres jeunes filles qui ont abandonné leur village et le simple bonnet que portaient les générations qui les ont précédées; jusqu'au jeune villageois qui a abandonné les vieilles modes de ses pères pour prendre ces vêtements si peu gracieux qui ne rappellent en rien la majesté des anciens temps. C'est l'amour de la toilette qui a séduit cette pauvre jeune fille, qui l'a emmenée loin des champs, dans les filets de la ville, où elle est plus tard obligée, comme on l'a dit, de porter en rubans roses le deuil de sa vertu.

J'espère, mes Frères, que la religion viendra vous éclairer sur ces dangers; faites la part des nécessités de la famille, de la fortune, de la position; dans quelque position que se trouve la femme chrétienne, elle doit être toujours respectable et qu'on ne puisse pas la prendre pour ce qu'elle n'est pas; elle doit considérer que ces modes qu'elle cherche à suivre ont été inventées par les femmes les plus légères ou les plus coupables; que la femme honnête ne doit jamais engloutir toute une fortune, pour satisfaire un goût immodéré de parure. Au fond du cœur de la femme vaine, vous trouvez le désir de remplir, à force d'éblouissements et de brillants extérieurs, le vide de son âme. Pour vous, femme chrétienne, occupez-vous de ce vêtement de l'âme que vous avez reçu des mains de l'Église au jour de votre baptême, alors qu'elle fit pour vous cette prière : « Seigneur, faites que votre enfant puisse paraître un jour au tribunal de la justice avec cette même robe dans toute sa blancheur et sa pureté. » Ah ! qu'elle est belle la robe de ce chrétien et de cette chrétienne qui a pu éviter tous les filets du mal, toutes les fanges et tous les bourbiers du vice ! Demandez à Dieu qui orne votre âme de vertus, vêtement et beauté de l'âme, de garder jusqu'au dernier jour de votre vie la robe d'innocence et de recevoir la récompense que l'Apôtre promet à ceux qui auront lavé leur robe dans le sang de l'Agneau.

NEUVIÈME INSTRUCTION

SUR LA FEMME FORTE.

La religion et la piété de la femme forte.

« La grâce est trompeuse et la beauté vaine : la femme qui craint le Seigneur sera louée. »

Nous avons terminé notre dernière instruction sur le vêtement en commentant ces paroles : la grâce est trompeuse et la beauté est vaine. La beauté est vaine parce qu'elle dure peu, la grâce est trompeuse parce qu'elle cache sous les apparences séduisantes une grande perversité et une déplorable légèreté.

La grâce qui n'est point trompeuse, c'est la grâce, la beauté de l'âme, grâce divine qui est à la fois beauté et pardon, la seule qui restera au dernier jour de notre vie, alors que nous paraîtrons devant Dieu, jour auquel on dépouillera notre corps de ses vêtements pour le mettre dans son suaire, et où notre âme dépouillée de cette enveloppe mortelle paraîtra seule devant Dieu, sans autre ornement que les vertus dont nous l'aurons enrichie, seule beauté véritable qui ne passera pas.

« La femme qui craint le Seigneur sera louée. » Nous allons parler de la piété de la femme et de la piété de l'homme; nous allons dire ses conditions, ses défauts, ses qualités. Tel sera le sujet d'un entretien sur lequel j'appelle les bénédictions de Dieu pour éclairer vos âmes et toucher vos cœurs.

Expliquons le mot *craindre Dieu :* c'est dans le style de l'Ancien Testament le mot qui signifie la perfection ; craignez Dieu, dit le livre de la Sagesse, et gardez ses commandements, c'est là tout l'homme : craindre Dieu, est-il dit ailleurs (et nous le chantons tous les dimanches), c'est le commencement de la sagesse. Bienheureux celui qui craint le Seigneur, sa génération sera bénie sur la terre. Donc craindre Dieu et garder ses commandements, c'est toute la loi.

Nous distinguons la crainte servile et la crainte filiale. La crainte servile est celle du serviteur qui craint d'être jeté hors de la maison de son maître, et qui le sert par la crainte du châtiment. La crainte filiale est celle de l'enfant qui craint son père et sa mère, qui ne veut pas leur désobéir de peur de leur faire de la peine ; c'est une crainte mêlée de tendresse, voilà pourquoi il est fidèle à son père et à sa mère. Si nous sommes les véritables enfants de Dieu, nous craindrons de lui désobéir, de l'offenser, non-seulement dans les grandes choses, mais dans les petites. La crainte de Dieu, c'est l'observation de ses commandements, je dirai plus, de ses conseils. Obéir dans les plus petites choses, n'est-ce pas là ce que vous demandez à vos enfants et à vos serviteurs : c'est aussi ce que Dieu demande de nous.

A côté de ces deux craintes, il y a une autre disposition de l'âme pleine d'appréhension, crainte qui n'est que de l'effroi, comme le dit saint François de Sales, et qui fait que nous ne marchons jamais vers Dieu, sans avoir derrière nous l'enfer et la colère d'un Dieu vengeur : cette crainte trop souvent paralyse les âmes pieuses, décourage les tièdes et nous éloigne du service d'un Dieu, qui ne paraît plus qu'un maître dur et sévère. Nous éviterons cette disposition qui n'est qu'une tentation et ne produit dans l'âme que l'agitation et le trouble. Notre crainte sera filiale, pleine de tendresse et d'amour; nous considérerons en toutes choses, avec une sainte affection, si nous plaisons ou si nous déplaisons à Dieu; notre seule crainte sera de n'être pas toujours assez empressés à accomplir sa parole et à suivre ses ordres. Ceux qui n'ont point cette crainte, quels sont-ils? ce sont ceux qui ne croient pas en Dieu, ceux qui sont indifférents. Ceux qui ne craignent pas Dieu sont bien audacieux; ne pas craindre Dieu qui peut frapper de mort, ne pas craindre de l'offenser, il y a là une audace qui froisse le cœur! En pensant qu'une créature peut être assez indiscrète pour se révolter contre son Créateur, le Psalmiste s'écrie, dans un de ces mouvements d'amour qu'il avait vers le Seigneur : « Seigneur, je vous aime et je vous bénis! que toute créature craigne, loue et bénisse le Seigneur et lui obéisse. Astres du firmament, flots mugissants de la mer, solitudes, arbres des forêts, louez le Seigneur! Petits oiseaux, poissons des mers, nuages qui parcourez le ciel, louez le Seigneur! » Et quand il a parcouru toute la série des êtres, il termine par ce soupir : « Et que mon âme bénisse le Seigneur. » Tel est le cantique que chacun de nous devrait répéter au fond de son âme.

Dieu avait placé l'homme au milieu de la création pour en être le roi, le prêtre, le pontife ; il devait rattacher toutes les créatures au Créateur par l'hommage de son cœur. Mais l'homme devint indifférent ; il méconnut Dieu, et les hommages des créatures qu'il devait transmettre à Dieu, il se les attribua à lui-même ; ses prières ne montèrent plus vers le Créateur ; ce jour-là il devint coupable, il n'eût plus la crainte de Dieu ; il s'attribua l'empire et l'autorité, voulant commander et ne pas obéir. Tel est, mes Frères, le crime des indifférents et des incroyants qui ne craignent pas le Seigneur.

La religion est le lien qui nous unit à Dieu ; la crainte et l'amour, voilà la véritable religion pour le cœur de l'homme. Ah ! qu'elle est grande et vraie quand elle le conduit en toutes choses vers son Dieu, quand elle l'inspire dans ses sentiments et le dirige dans ses actions. C'est elle qui sert d'appui et aide à supporter les peines de la vie ; c'est elle qui l'engage à prêter secours à ceux qui sont faibles autour de lui, à les relever lorsqu'ils sont tombés, c'est par elle qu'il devient l'aide et le coopérateur de Dieu.

L'homme irréligieux qui ne craint pas le Seigneur sent qu'il lui manque un appui; le remords habite son cœur, il est impuissant et faible, il sent qu'il n'a rien pour le diriger et le conduire.

L'homme irréligieux est incrédule, soit par ignorance des vérités éternelles que la religion enseigne, soit par indifférence, cessant peu à peu de pratiquer et de remplir ses devoirs. L'homme et la femme sont souvent incrédules et indifférents par perversité; ils cherchent des motifs pour ne pas croire, parce que la foi les obligerait à réformer leur vie. Pour nous justifier, nous voudrions trouver Dieu en défaut dans ce qu'il a établi en ce monde; voilà le secret motif des objections et des difficultés des indifférents et des incrédules.

Nous craindrons Dieu, acceptant la religion, la pratiquant nous-mêmes et la faisant pratiquer à ceux qui nous entourent. Si l'homme et la femme s'agenouillaient ensemble et avaient la même foi, si leurs cœurs étaient unis par les mêmes sentiments de reconnaissance envers Dieu, sans doute ils pourraient dans leur intimité avoir quelques légères discordes, quelques peines, quelques douleurs ; mais la bénédiction de Dieu tombant sur eux et sur leur famille, le bonheur régnerait dans leur intérieur. Si l'homme est ennemi de Dieu, s'il ne partage pas les sentiments religieux de sa compagne, en quelques années il aura détruit le bonheur dans son cœur et celui de son épouse. Quel spectacle présentera son intérieur, l'intérieur de son âme et l'intérieur de sa famille ? La femme irréligieuse, incroyante, a, hélas ! existé autrefois ; elle a laissé comme un torrent les traces de dévastation sur son passage. Aujourd'hui la société permet bien encore à la femme d'être légère, mais elle repousse et méprise la femme incrédule.

L'homme a pu être incroyant : il avait résolu, dit l'Écriture, de ne regarder que la terre et de ne pas lever les yeux au ciel ; il s'était cru maître du monde, parce qu'il avait eu quelques succès et que tout semblait lui obéir. Dans son orgueil il s'était écrié : J'ai offensé Dieu, que m'est-il arrivé de malheureux ? Ah ! mes Frères, la réponse ne s'est pas longtemps fait attendre ! avant que ce siècle incroyant se fût terminé, la société fut complétement bouleversée, les têtes tombaient sur l'échafaud. Effrayante réponse de ce blasphème provocateur. Donc, mes Frères, il ne doit plus y avoir d'incroyants dans le siècle où nous vivons, parce que nous avons acquis une terrible expérience et que nous pouvons encore contempler les ruines de l'incroyance. Nous serions donc encore religieux par crainte si des motifs plus élevés ne nous guidaient pas.

Voilà comment la crainte a été et sera pour vous le commencement de la sagesse. La génération actuelle est déjà meilleure que celle qui l'a précédée ; elle est plus croyante, elle a plus la crainte de Dieu; pour la génération qui vient, nous en avons la conviction et vous la partagez avec nous, elle sera bénie de Dieu et meilleure, parce que des mains délicates et douces ont formé le cœur des jeunes gens et les retiennent dans la piété envers Dieu et dans l'amour de la famille; parce que nous voyons la jeune fille recevoir la bénédiction nuptiale, ayant conservé dans son cœur le plus précieux trésor qu'une mère puisse donner à ses enfants, la foi, une éducation chrétienne et la pureté du cœur.

La femme est plus religieuse que l'homme, parce que la religion lui est plus facile; parce qu'elle a une nature plus pieuse et plus aimante; parce qu'elle est plus faible et qu'elle a plus besoin d'appui, parce que son éducation aujourd'hui est meilleure dans toutes les classes de la société. Hélas, dans la classe du peuple, l'enfant pauvre, à peine sortant des bras de sa mère, est déjà initiée à tous les scandales de la vie; dans la condition aisée, le vice est quelque chose d'inconnu par la jeune fille, à moins qu'elle n'aille le chercher, elle traverse les années difficiles de la jeunesse sous l'aile de sa mère qui l'élève dans la crainte et l'amour de Dieu et la pratique de la religion, et elle arrive ainsi au pied de l'autel, où elle se consacre à Dieu et à son mari sous la bénédiction de l'Église; Dieu lui accorde la fécondité et elle élève ses enfants chrétiennement comme elle a été élevée elle-même. Elle n'a pas, comme le jeune homme, vingt années de dépravation par l'éducation publique avant son mariage; elle n'a pas, comme lui, le tiraillement des affaires, elle a été préservée de tous ces dangers; qu'elle se souvienne que c'est à la religion qu'elle doit tout; que c'est elle qui l'a faite ce qu'elle est; que si elle n'est pas esclave, c'est à la religion qu'elle le doit; que si elle n'est pas tyrannisée comme chez presque toutes les populations qui sont encore idolâtres, elle le doit au règne de l'Évangile, qui a été prêché parmi nous. Ainsi, mes Frères, la femme, par tendresse et reconnaissance du cœur, est religieuse, parce qu'elle est faible et que la souffrance l'accablant plus souvent, elle a besoin des consolations que donne la religion ; elle est religieuse, parce qu'elle a au fond de son cœur quelque chose de dévoué, de grand, qui la porte vers les choses élevées. Ah! qu'elle est heureuse cette femme qui a su fuir le poison de l'irréligion, de l'indifférence et du plaisir, alors qu'elle ne s'est pas laissée emporter par la corruption du siècle et qu'elle vient aux pieds des autels nourrir la piété de son âme !

Nous voici arrivés à la sainte femme, à cette femme qui vit au milieu du monde comme la bienheureuse Vierge dans son intérieur, passant sa vie dans l'accomplissement des petits devoirs de la vie domestique ; à cette femme, telle que la présente l'Évangile, lorsqu'il parle soit de la Samaritaine, soit de Marthe, soit de Marie ou du cortége de celles qui suivaient le Sauveur dans ses prédications et sur le Calvaire. Voilà la sainte femme telle que nous la retrouvons, dans les siècles passés, dans toutes les bonnes œuvres.

Nous avons dit ce que la religion a fait pour la femme, nous allons dire maintenant ce que la femme a fait et ce qu'elle fera tous les jours, je l'espère encore, pour la religion.

La femme chrétienne parfaite est établie dans la crainte de Dieu, dans la crainte de l'offenser, dans l'accomplissement de ses devoirs, c'est celle que nous appelons la femme pieuse. Disons les qualités et les défauts de la piété.

Et d'abord qu'est-ce que la femme pieuse? C'est une grande illusion de se croire religieux, parce qu'on éprouve, à certaines époques de sa vie, des sentiments religieux. Est-ce que parce qu'on éprouve des émotions, des sentiments religieux, on est pour cela vraiment religieux? Non! mes Frères, on a le sens religieux en soi, mais il faut le développer; il ne faut pas se contenter de ces émotions, de ces sentiments qui sont doux et sympathiques à l'âme, et se croire pour cela en bon état devant Dieu. Souvent on se contente des habitudes religieuses, des pratiques de piété; on se contente alors de ce que Notre-Seigneur a flétri si souvent dans l'Évangile et qu'il a appelé le pharisaïsme, parce qu'on a le vêtement et l'apparence de la piété sans en avoir le fond. On mesure ses prières, non pas à leur ferveur, mais à leur longueur et parce qu'on a pratiqué certains actes, récité certaines formules de dévotion, on croit avoir accompli toute loi et toute justice. Quelle illusion! On a négligé les préceptes de l'Évangile, de la confiance en Dieu, de la prière intérieure, du sacrifice de soi-même, de la charité dans les paroles et le reste. Le pharisaïsme, la piété purement extérieure n'est point celle dont nous venons vous parler. Quelle est la vraie piété? C'est la piété solide? C'est celle qui est enracinée dans les fibres du cœur, par la suite du temps et avec les bénédictions que Dieu répand sur votre âme : alors, par un travail que vous n'apercevez pas, la foi est entrée en vous, alors le vent, la tempête, les adversités peuvent fondre sur votre vie, vous résistez parce que l'arbre est solide. La piété solide est dans le fond du cœur.

La piété superficielle est toute extérieure de dehors, de mode et de convenance. Parce que autour de soi, on a l'habitude de voir pratiquer certaines observances, on s'y soumet, on va à la messe et on prend un livre d'heures comme on prend une ombrelle pour aller à la promenade ou un éventail pour aller dans le monde. Le soir quand on rentre chez soi, on ne sait pas trouver au fond de son cœur, avant le repos de la nuit, ces sentiments si salutaires à l'âme qui font qu'on pleure au pied de la croix, si on a eu le malheur de tomber, et qu'on prend un repos avec une conscience plus calme, avec un cœur plein de reconnaissance pour la journée qui vient de se terminer si on a été fidèle et généreux.

Piété éclairée, c'est-à-dire piété instruite, connaissant ses devoirs, la religion, les motifs des cérémonies de l'Église, la doctrine ; et non pas cette piété vague, constituée seulement sur de vaines formules. Il ne faut pas se faire une piété ignorante, ridicule, superstitieuse, désagréable. La piété agréable, aimable, c'est celle qui est véritablement chrétienne. Savez-vous pourquoi la piété, quand elle est sincère dans une âme, est en même temps si aimable? La piété est aimable parce qu'elle est toujours charitable; parce qu'elle ne blesse jamais; parce qu'elle est toujours humble et qu'elle ne froisse ni par son orgueil et son outrecuidance, ni par ses dédains et ses airs hautains; elle est aimable parce qu'elle se sacrifie toujours elle-même, qu'elle disparaît dans son abnégation. Pourquoi les personnes qui ne sont pas pieuses vous blessent-elles? Parce qu'elles sont haineuses, égoïstes, cherchant à se faire valoir et à vous écraser. La piété aimable fait le bonheur des autres, surtout, elle fait le bonheur de l'âme qui a goûté ce don de Dieu, qui a trouvé ce trésor une fois dans sa vie. Elle aura aussi des peines, des douleurs, mais elle sera forte, car elle sent en elle-même un appui qui ne lui manquera jamais; elle a une égalité, une bienveillance qui lui rendra tout facile.

Nous sommes arrivés à la grande qualité qui résume toutes celles de la piété. La piété est utile à tout, dit saint Paul. Mettons donc de côté la piété qui ne sert à rien, qui ne sert pas à dompter les passions, à arrêter les folies de l'imagination, à éteindre nos convoitises, à reformer notre caractère; cette piété-là n'est pas la vraie. La piété utile à tout, c'est celle qui nous sert dans toutes les circonstances de la vie; qui nous rend parfaits et irréprochables devant Dieu, parfaits et irréprochables devant le prochain; c'est celle qui déracine et écrase nos passions, voilà la seule vraie piété chrétienne.

Il est un dernier défaut de la piété que je ne vous ai pas nommé, parce que j'espère qu'il est rare aujourd'hui; c'est cependant un reproche qu'on lance souvent à la piété même la plus généreuse et la plus dévouée. On l'appelle souvent hypocrite. Que dans les siècles qui ont précédé le nôtre, on ait pu quel quefois prendre le vêtement d'une brebis, quand on n'était qu'un loup, cela a pu arriver ; mais dans ce siècle, dans lequel être ou paraître brebis est un titre pour le sarcasme et la persécution, je ne vois pas quel intérêt on aurait à prendre les dehors de la piété. Soyons justes, voyons si dans la société, si autour de nous et en nous-mêmes, nous n'avons pas un œil mauvais, en sorte que nous cherchons toujours à augmenter les défauts des gens pieux et à exagérer les qualités des gens méchants. Qu'une femme soit la femme forte dont nous parlons, de suite on cherchera son côté faible ; on lui reprochera ses faiblesses si petites qu'elles soient ; qu'une femme soit faible de toutes les faiblesses que je ne puis nommer, si elle a un instant de générosité, si une larme a mouillé le bord de sa paupière, on y voit une fervente prière, on l'appelle Madeleine et on la croit convertie ; mais qu'une personne ayant l'âme bonne, droite, ait eu un instant de faiblesse, on l'appelle hypocrite. Ah ! il n'y a pas d'hypocrisie, il y a seulement en elle ce qui est en nous tous, la faiblesse humaine, qui, à certains moments, fait faire à l'homme le contraire de ce qu'il veut. Saint Paul disait : Je sens deux hommes en moi, je sens l'homme qui veut le bien et à côté l'homme qui veut le mal. Donc il n'y a pas d'hypocrisie. Soyons sincères, c'est la faiblesse de notre nature qui fait que nous sommes trop souvent terrassés par le mal, entraînés et séduits malgré notre désir de faire le bien ; voilà pourquoi nous prêchons la force.

J'ai dit ce qu'était la religion, la piété ; quels étaient ses défauts, quelles étaient ses qualités, il me reste à dire en peu de mots quelles sont ses œuvres et ses obstacles.

La piété, c'est la lampe du sanctuaire, elle a besoin que chaque jour on vienne y mettre l'huile qui l'alimente. Cette huile, nous la trouvons dans la méditation et la lecture des livres saints, dans la prière, dans la fréquentation des sacrements, dans tout ce que nous appelons exercices de piété. De même que nous avons des exercices pour le corps, pour l'esprit, des exercices pour la perpétuelle musique qui absorbe tant de mouvements dans la vie; de même, nous avons des exercices pour la piété, pour nous rendre pieux, pour affermir notre âme et la rendre capable de vaincre les dangers qui la menacent. Nourrir sa piété, soutenir sa piété, fortifier sa piété par les œuvres de piété, par les exercices de piété, voilà le véritable secret de la force du chrétien.

Pour les obstacles, ils sont dans notre intérieur, dans le monde, en nous-mêmes, tout autour de nous : c'est la légèreté, la dissipation, c'est quelquefois la perversité du cœur; autour de nous ce sont les entraînements, les séductions; c'est pourquoi il faut, comme le recommande notre texte, mettre sa main à des choses fortes, craindre le Seigneur, craindre de l'offenser; il faut toujours, comme le dit le Saint-Esprit, malgré tout ce que nous ferons pour nous rassurer, il faut toujours faire son salut dans la crainte et le tremblement. Non pas, mes Frères, dans cette crainte qui est une appréhension qui nous rend pusillanimes, mais dans cette crainte de ne pas arriver au port; dans la crainte du pilote qui tremble de rencontrer des écueils; dans la crainte du soldat, qui appréhende à chaque instant de rencontrer un ennemi et de ne pouvoir le vaincre; crainte dont nous avons besoin dans ce grand et difficile combat de la vie.

Vous commencez à connaître et à comprendre la femme religieuse, elle vous apparaît comme entourée d'une auréole brillante; j'espère que vous l'avez rencontrée cette femme forte qui craint le Seigneur, cette femme parfaite en toutes choses; vous l'avez vue, et les ignorants et les indifférents qui vous entourent l'ont vue aussi; vos yeux et les leurs ont été ravis à son aspect; vous l'avez montrée au doigt et quand elle a passé, vous avez dit: voilà la vraie religion, la vraie piété!

J'ai donc le droit maintenant, mes Frères, de dire en terminant qu'elle sera louée.

Dans ce siècle, tout ce qui se fait en littérature, romans, pièces de théâtre tend à la justification et à la louange de la femme faible ; on exalte ses vertus et le peu de mérites qui lui restent; non, non, ce ne seront pas ces éloges faciles que vous chercherez à obtenir. Quels sont donc ceux que vous recevrez? Ceux que mérite la femme chrétienne, car il est dit : la femme forte sera louée par tous, il y aura un concert de louanges autour d'elle. Ce sera d'abord son mari qui la louera : les maris sont difficiles, ils louent volontiers ce qui n'est point dans leur intérieur; c'est pourquoi, lorsqu'une femme a été assez parfaite pour mériter la louange de son mari, tout le monde peut la louer après lui.

Après le mari, ce sont ses enfants arrivés à l'âge où ils ont pu discerner toutes les vertus et les mérites de leur mère; ils se joignent au père pour chanter les louanges de cette femme parfaite : puis ce sont les serviteurs et les servantes qui ont reconnu en elle une seconde mère; elle a su rendre dans son intérieur tous leurs devoirs faciles accomplir, c'est pourquoi ils la louent avec son entourage. Les pauvres ont voulu apporter aussi le témoignage de leur reconnaissance. Tous l'ont louée, et vous aussi en ce moment vous la louez et la proclamez bienheureuse, parce que vous désirez lui ressembler.

Quand elle arrivera à sa dernière heure elle sera effrayée sans doute, elle craindra encore, mais cependant elle aura confiance, car il est un mot du Saint-Esprit qui peut la rassurer et qui devra tous nous rassurer à cette heure suprême. Ce qui la louera davantage au dernier jour, ce seront toutes ses bonnes œuvres, tous ses mérites, toutes les œuvres de patience, de piété, de charité qu'elle emportera dans ses mains, et voilà pourquoi le Saint-Esprit s'est écrié : Oh ! qu'elle est grande et belle ! il n'est pas de spectacle plus magnifique que celui de la femme forte qui craint le Seigneur ! Non, mes Frères, ni le paganisme, ni la vie mondaine, n'ont pu rien produire de comparable à la femme forte.

Elle sera donc louée par son mari, par ses enfants, par son entourage, par les pauvres et par ses bonnes œuvres; elle sera louée enfin par les anges et par le Dieu du ciel qui lui dira : Courage, vous avez bien fait toutes choses, vous avez été une bonne servante, fidèle aux petites choses, maintenant je vous loue et vous serez admise à chanter mes louanges pendant l'éternité; entrez dans la joie et la félicité réservée aux élus.

Ainsi soit-il.

DIXIÈME INSTRUCTION

RÉSUMÉ ET FIN DE LA FEMME FORTE

Les derniers sacrements. — Les derniers moments. — Sa mort, sa mémoire.

Quand arrive le soir, le moissonneur se lève et parcourt avec joie les sillons sur lesquels il a répandu ses sueurs pendant les heures de travail et de la chaleur; il y revient pour recueillir avec joie chacun des épis que sa faux a coupés; il les fait reposer sur son bras et près de son cœur, c'est le fruit bien cher de son travail qu'il veut emporter dans sa maison. C'est ainsi que nous allons, à son exemple, recueillir en un seul faisceau, en une seule gerbe, toutes nos dernières instructions sur ce chapitre devenu désormais pour vous si intéressant et si clair. Nous finirons aujourd'hui le commentaire que nous en faisons ; nous le finirons avec un sentiment de reconnaissance envers Dieu, qui a bien voulu nous soutenir, nous éclairer et nous toucher pendant cette suite d'instructions. Après l'avoir remercié, nous lui demanderons d'en tirer des fruits de salut et de bénédiction pour notre conduite.

Nous pouvons maintenant lire avec foi et lumière tout ce chapitre des Proverbes dont certaines paroles avaient pu tout d'abord sembler obscures ; chacun des traits de ce portrait que nous avons étudié dans cette suite d'instructions nous rappelle quelques-uns des devoirs et quelques-unes des vertus de la femme forte, ou plutôt de la femme chrétienne, quelle qu'elle soit, parfaite envers Dieu, envers le prochain et envers elle-même.

Parfaite envers Dieu, parce que, avons-nous dit, elle a été élevée chrétiennement; elle a sucé un lait chrétien, elle a une origine chrétienne; c'est ce que saint Paul disait de la mère et de la grand'mère de Timothée : « La foi, lui disait le grand apôtre, a été héréditaire dans votre famille; cette foi qui était dans le cœur de votre grand'mère, loi de votre mère Eunice, s'est développée dans votre cœur; elle y a poussé de larges rameaux. »

La femme forte a été religieuse même sur les genoux de sa mère; elle a été pieuse jeune fille, elle a fréquenté l'église et ses précieux sacrements; la piété l'a soutenue dans les dangers de la jeunesse, dans ses illusions et ses premiers défauts; puis elle a su répondre à tous les devoirs d'une position nouvelle et elle a su traverser tout ce que nous allons dire tout à l'heure de dangers, de scandales et elle a enfin trouvé (ce sera la seconde partie de notre instruction) dans cette religion toutes les forces et les consolations nécessaires dans les derniers moments de la vie.

Voilà comment la piété de la femme forte lui a été utile devant Dieu ; elle a été une servante dévouée au service du Seigneur. Celle qui est une servante fidèle de Dieu est celle qui accomplit ses devoirs depuis son enfance jusqu'à sa dernière heure envers Dieu, envers le prochain et envers elle-même. C'est le secret de la force chrétienne, c'est l'appui du cœur, et quand nous l'avons trouvé, nous sommes inébranlables ; sans doute les difficultés peuvent arriver, les orages peuvent s'amonceler sur nos têtes, mais quand nous avons la foi au cœur, quand la piété est fortement enracinée dans notre âme, nous triomphons de tout, nous pouvons faire face à tous les dangers, surmonter tous les obstacles et vaincre toutes les tentations.

Parfaite envers le prochain ! c'est d'abord envers ses parents et je prends ce mot dans son acception la plus large. Nous avons dit que nous ne les choisissions pas, que Dieu nous les donnait. Elle a su se concilier les deux familles qui rayonnaient autour d'elle ; elle a su partout et toujours y maintenir la paix et l'union ; elle a su être pleine d'égards pour ceux qui étaient âgés, pleine de tendresse pour ceux qui étaient jeunes, pleine d'un pieux souvenir pour ceux qui avaient paru successivement devant Dieu.

Dans son intérieur elle a su inspirer la joie ; la confiance et un légitime orgueil à son mari, en s'appuyant sur lui ; elle a su lui prêter aussi son appui comme nous dit notre texte sacré : son mari a eu confiance en elle ; ses enfants, elle les a tous élevés et consacrés à Dieu ; plus tard, elle les a établis dans le monde, elle les a protégés par son exemple, elle les a aidés de ses conseils, surtout de ses prières ; elle a été l'âme et comme la protection de sa famille, comme la clef de voûte qui soutient tout l'édifice, unissant les uns aux autres les membres de la famille.

Voilà toute sa vie ! Mais elle n'a pas été sans les douleurs d'ici-bas ; elle a pu perdre ses enfants, elle a pu même ne pas en avoir ; Dieu a pu la priver de ce bonheur, de cette joie, de cette consolation du cœur ; alors elle a patronné ceux qui n'avaient plus de père ni de mère, elle a adopté les orphelins, ils sont devenus la famille de son cœur.

Si Dieu a exigé d'elle qu'elle passât par cette terrible douleur de survivre à son mari, d'ensevelir elle-même ses enfants et d'avoir à les conduire à leur dernière demeure, elle a été encore la femme forte dans sa douleur ; elle a été forte comme la Vierge Marie au pied de la croix, comme la mère des Machabées.

Veuve, elle s'est dévouée à tous, à toutes les misères ; d'abord à sa famille, sachant être forte et par conséquent père et mère à la fois des enfants qu'elle a encore pour les gouverner dans le monde ; sachant être l'appui et la consolation de tous, quoiqu'elle-même eût besoin souvent d'être consolée. La consolation, elle l'a trouvée dans sa source inépuisable, dans le cœur et le sein de Dieu, dans la prière.

Ses serviteurs la pleureront quand elle mourra parce qu'entre elle et eux il y avait ces liens si rares aujourd'hui de l'affection, on dirait presque de famille ; ses serviteurs étaient un peu ses enfants, ils regretteront longtemps cette mère si bonne pour eux.

Dans son entourage elle a répandu partout, comme dit l'Évangile, la bonne odeur de Jésus-Christ : partout elle a porté la lumière, la chaleur, la bienveillance qui prête à la vertu tant de charme ; partout elle a été sage, discrète, prudente, elle a su marcher au milieu des dangers et rendre à chacun respect et convenance : elle a su accomplir tous ses devoirs, sachant aussi ne pas se prodiguer, ne pas toujours courir le monde ; sachant éviter ces liaisons dangereuses ou inutiles qui sont souvent la perte d'une femme par d'autres femmes. Si elle est restée dans son intérieur, elle y a parfaitement gouverné toutes choses ; elle a pourvu à tout et avec abondance, nous l'avons vu en parlant des vêtements ; elle a su se vêtir selon son rang, selon sa position, et l'aisance que Dieu lui avait donnés. Elle n'a pas oublié le vêtement de l'âme que Dieu regarde surtout et que l'âme conserve jusque dans l'éternité. Elle a pu suffire abondamment aux besoins de ceux qui l'entouraient, gérant son bien avec ordre, discrétion, bonne entente, intelligence, économie ; elle a su accumuler des trésors pour établir convenablement ses enfants dans le monde ; elle a su aussi trouver une large part pour les pauvres ; jamais on n'est venu frapper en vain à sa porte : voilà pourquoi elle est bénie et louée par tous les pauvres, et pourquoi elle sera bénie et louée par eux au tribunal de Dieu, car ce sont eux qui viendront implorer miséricorde pour celle qui a été si large dans ses miséricordes envers eux.

Elle a eu à passer par cette voie douloureuse par laquelle nous avons tous à passer, par la souffrance, par les peines, les chagrins, les embarras, par toutes ces épines inévitables de la vie présente; elle a su se résigner, rester forte dans la douleur ; elle a su être sereine au milieu de toutes les tempêtes et de toutes les agitations qui existent si souvent dans l'intérieur des familles ou de la société au sein de laquelle nous vivons. Elle a su, mes Frères, traverser les scandales peut-être de la famille; elle a su d'abord, mère attentive et vigilante, en garantir ses enfants, guidée par un instinct de conservation qui lui fait éloigner tout danger de ses chers enfants; semblable à la poule qui rassemble ses poussins sous ses ailes. Elle a su être dévouée dans son intérieur et cependant ne jamais tremper dans les iniquités qui l'entouraient; étant toujours bienveillante pour tous, n'ayant jamais le mépris au cœur; sachant plaindre avec indulgence, éclairer et au besoin sauver même, au lieu de jeter le mépris, et, selon l'expression de l'Évangile, au lieu de jeter la première pierre, relever la femme faible qui criait vers elle, lui demandant salut, indulgence et miséricorde. La voilà dans ses afflictions, au milieu des scandales, toujours forte. Mes Frères, le peu de mots que je vais dire n'est pas dans l'Écriture sainte, mais nous pouvons l'y supposer pour chacun et pour chacune d'entre vous. Puisqu'elle nous apprend que celui qui se dit sans péché se séduit lui-même, voyez-la aussi dans ses fautes, vous, qui aurez eu le malheur d'offenser Dieu, vous saurez au milieu de vos fautes encore vous relever, vous saurez même profiter de ces fautes pour être plus fidèles à Dieu, à l'avenir, et plus vigilants sur vous-même pour vous éloigner ou éloigner de vous tout ce qui pourrait vous entraîner de nouveau au mal, pour éviter tout ce qui pourrait être dangereux pour vous (et qui ne le serait peut-être pas pour d'autres), pour vous maintenir toujours dans la crainte de Dieu : l'âme qui craint Dieu sera celle que les anges loueront quand elle sera arrivée au dernier jour.

Nous venons de résumer l'ensemble des perfections de la femme forte envers Dieu, envers le prochain et envers elle-même :

toute de charité, de tendresse, d'activité, de dévoûment, de prière, de recueillement, voilà quel doit être notre modèle à tous dans ce monde.

Si prolongée qu'elle soit, notre vie arrive pourtant à son dernier jour ; c'est ce dernier jour qui nous semble si éloigné et qui est si proche ; c'est cette mort que nous devons voir arriver et à laquelle nous ne pensons jamais que comme à un événement lointain et tout au plus possible, c'est cette mort à laquelle nous devons tous les jours nous préparer. C'est ce que fait la femme forte ; tous les jours elle prépare son cœur, elle fait ses dispositions, car elle ne sait pas si Dieu ne la rappellera pas à lui comme il a rappelé tant de jeunes êtres dont le Saint-Esprit dit dans le livre de la Sagesse : il a été enlevé afin que la malice du monde ne changeât pas son intelligence et n'égarât pas son cœur. Il en est qui sont enlevés avant d'avoir connu le monde, ses douleurs et ses fautes ; ceux-là sont heureux, mes Frères, ils ont une bonne part ; ne les pleurons pas, réjouissons-nous de leur bonheur. Il en est qui sont enlevés dans la force de l'âge, dans le martyre du dévoûment, qui tombent victimes du devoir rempli, victimes de leur charité et victimes de leur tendresse de mères, frappées par l'épidémie qui leur disputait un enfant ; cette femme meurt en donnant le jour à son enfant..... voilà des martyrs que Dieu agrée, qu'il accompagne de ses plus douces bénédictions.

Mais enfin arrivent pour la femme forte les dernières années ; c'est alors que la femme chrétienne est plus belle non-seulement quant au corps ; il y a dans ses traits je ne sais quoi de serein, de calme, de grave, de placide; Dieu a donné à tout son extérieur un aspect plus doux, voilà pourquoi l'Esprit-Saint dit qu'elle rira au dernier jour. Cela veut dire que si son sourire a été, pendant toute sa vie passée, bienveillant pour tous, s'il a eu un charme mystérieux que tout le monde comprenait et que personne ne pouvait s'expliquer, il y aura dans ce sourire des derniers jours, quelque chose de bien plus profond, de bien plus significatif encore ; elle a fini avec les conversations du monde et elle a ouvert, dit le Saint-Esprit, sa bouche à la sagesse et la loi de clémence est sur ses lèvres. Elle a ouvert sa bouche à la sagesse, c'est-à-dire qu'elle a su chercher la divine justice, qu'elle a su chercher Dieu, dans sa parole, dans les livres, au pied de la chaire, dans les bonnes méditations, surtout à la table sainte ; que sa bouche a été remplie d'un miel qui adoucissait ses peines, fortifiait son cœur et la rendait si parfaite en toutes choses ; l'âge et l'expérience l'ont rendue réservée et bienveillante dans ses jugements et dans ses paroles ; rien de blessant ne sort ni de son cœur, ni de sa bouche ; elle sait autour d'elle modérer, détourner, adoucir les conversations qui n'ont pas ce caractère de clémence.

Lorsque arrive son dernier jour, la mort ne la surprend pas ; elle s'y était préparée depuis longtemps, elle a disposé toutes choses ; dans son testament, ses biens, afin d'en laisser quelque chose aux pauvres; elle lègue la paix et la bonne harmonie à ses enfants; elle a fait la part de son âme, pour les prières qu'elle réclame; elle a fait la part des fondations pieuses, la part de l'affection, de la reconnaissance, des bons souvenirs; en un mot, tout a été ordonné avec cette mesure qui a réglé chaque chose dans son existence. Et puis arrivent ses derniers moments, cette fatigue, cet épuisement d'une lampe qui va s'éteindre, ces dernières crises qui vont bientôt l'emporter. Ah! mes Frères, comprenez-le bien, que cette parole entre jusque dans le fond de votre cœur; n'ayez pas peur, dans ces derniers moments, de la religion qui a toujours été si puissante sur le cœur qui s'est donné à elle; si pendant la vie elle a produit de grandes choses dans ce cœur, elle en produira d'incomparablement plus grandes à l'heure de la mort. Qu'ils sont transformateurs les sacrements divins que l'Église distribue! Ah! comme cette âme, qui était naguère agitée, inquiète de son avenir où elle va entrer, comme vous la voyez maintenant rassérénée, heureuse ! Elle n'a pas attendu qu'on lui proposât les derniers sacrements, elle-même les a demandés, exigés au besoin ; elle a voulu que le prêtre entrât dans sa maison parce qu'elle sait que la parole du prêtre qui entre dans une maison est celle-ci : paix à cette demeure et à ceux qui l'habitent ! elle sait que le Seigneur a dit : Dans toute maison où l'on vous appellera vous direz, que la paix entre dans le cœur de chacun. Elle sait donc que c'est une mission de paix que le prêtre vient remplir dans sa maison comme dans son âme, et elle lui demande les derniers secours et les dernières prières ; elle reçoit une dernière fois le pain des forts qui l'a fortifiée si souvent contre les malheurs, les tentations et les épreuves de la vie ; elle le prend pour ce voyage dont elle ignore la durée et qui sépare la terre du ciel, et quand elle reçoit les dernières onctions qui purifient son corps, ses pieds, qui ont cependant toujours marché dans la voie droite ; ses mains, qui ont opéré toujours les bonnes œuvres ; quand les dernières prières et les dernières recommandations sont venues, ah ! vous voyez alors sur son visage ce sourire dont nous parlions tout à l'heure ; ce sourire qui n'a plus rien de la terre, qui est tout céleste, ce sourire d'adieu qui est comme un rayon de soleil au milieu d'une pluie d'orage, ce sourire qui veut dire à tous ceux qui sont là : j'aperçois déjà les choses de l'éternité, je vous bénis ! alors Dieu met avec ce sourire sur la bouche de la mourante, de ces grandes, solennelles et sublimes paroles qui restent pendant toute la vie, la règle de conduite de tout ceux qui les ont entendues. Alors une dernière fois les mains de la mourante s'élèvent pour déposer une bénédiction suprême sur tous ceux qui l'entourent ; ou plutôt non pas seulement sur ceux qui l'entourent mais aussi sur ceux qui sont au loin, sur cet enfant prodigue qui a pu contrister son cœur. Elle a encore une dernière parole, mais elle n'est plus pour la terre ; cette dernière parole, personne ne l'a entendue que celui à qui elle l'a adressée; elle l'a adressée à l'image sacrée et vénérée du Sauveur, qu'elle tient dans ses mains. Oh! alors quel colloque, quelle douce intimité, quels mystérieux entretiens, la langue de l'homme ne pourrait les répéter! Elle trouve là une force secrète contre ces dernières douleurs que nous ne connaissons pas; cette âme généreuse, victorieuse après avoir traversé des jours et des instants bien difficiles, trouve encore la force de soutenir le crucifix dans ses mains défaillantes et en les élevant vers le ciel de s'écrier: Victoire! Victoire! Elle a vaincu, elle triomphe de tous ces ennemis; elle a été fidèle jusqu'à la fin; elle a vu approcher la récompense; on apercevait sur ses lèvres le bienheureux sourire qui est promis à ceux qui meurent dans le Seigneur. *Beati qui in Domino moriuntur.* Ah! si vous avez vu la mort chrétienne, Dieu vous a accordé une grande grâce, vous devez en conserver un grand souvenir.

Mais je n'ai pas tout dit, ce n'est pas là que

se termine le triomphe de l'âme chrétienne. Elle a paru devant Dieu, son sort est décidé, mais sa dépouille mortelle reste encore parmi nous et cette dépouille où la mort vient de sculpter en traits de marbre la paix, le calme, la sérénité; ce visage vous le regardez bien des fois encore avant de savoir si vraiment l'âme est envolée vers le ciel ou si elle n'anime pas encore ce corps qui semble reposer du sommeil du juste. Alors vous venez au pied du lit funèbre, vous priez avec consolation et espérance, vous sentez là le parfum du ciel et vous ne succombez pas à la douleur, parce que celle pour laquelle vous priez est vivante, et que la sérénité du ciel tombe goutte à goutte dans votre cœur à mesure que la prière tombe de vos lèvres.

Son cercueil est entouré de larmes, de bénédictions et de regrets; il est accompagné de prières; son convoi s'avance lentement dans les rues qu'elle avait traversées tant de fois pendant sa vie pour remplir les devoirs de la charité et les nécessités de l'existence, elle vient une dernière fois à l'église où elle venait si souvent recevoir les bénédictions de Dieu ; enfin elle est conduite à sa dernière demeure au milieu des prières et des sanglots de tous ; l'Église bénit une dernière fois son cercueil et le lieu de son repos ; là, le grain va germer pour la vie éternelle.

Tous vous reviendrez sur cette pierre qui n'est pas froide et inanimée, et en priant pour elle, vous retrouverez ces impressions et ces souvenirs si salutaires à votre âme, et sa mémoire sera un exemple que se transmettront les générations sur la terre.

Ne croyez pas que tout soit fini, non ! nous sommes chrétiens, nous avons foi aux choses éternelles. et quand un chrétien a quitté cette terre, il ne nous a quittés que pour entrer en participation de la gloire éternelle de Dieu ; et, si les bénédictions tombent sur nos têtes, nous n'avons qu'à lever nos yeux au ciel et nous verrons ceux ou celles que nous avons perdus qui prient pour nous et qui demandent qu'au milieu des peines de la vie, au milieu des orages de la terre, Dieu nous envoie quelques bénédictions particulières qui viennent nous soulager et nous fortifier.

Vous comprenez maintenant, mes Frères, la vie chrétienne dans toute son étendue; vous avez vu ses joies et ses douleurs. Bienheureux, mes Frères, ceux qui ont marché par la voie droite, qui ont été forts pour résister à toutes les tentations et pour triompher de toutes les douleurs, qui ont été forts pour tous les dévoûments, parce qu'ils ont trouvé, vous venez de le voir, la récompense après le travail, ils ont trouvé le repos après la douleur; et, si la mère, dit l'Évangile, oublie toutes ses douleurs après avoir mis un fils un monde, à plus forte raison le chrétien est-il heureux dans les amertumes et les douleurs de la vie présente; il sait qu'un jour il arrivera au repos et au bonheur de l'éternité là où il n'y aura plus pour lui que les bénédictions de la récompense et du triomphe.

Laissez-moi, mes Frères, vous redire, comme garantie et encouragement dans le chemin que vous avez à poursuivre sur la terre, si vous voulez être fidèles à Dieu, toutes les bénédictions qu'il promet aux siens : Vous serez bienheureux, si vous êtes détachés des choses de la terre ; vous serez bienheureux, si vous avez le cœur pur ; vous serez bienheureux, si vous êtes doux et pacifiques ; vous serez bienheureux, si vous maintenez en vous et autour de vous la paix et la bonne union ; vous serez bienheureux, surtout, si vous êtes miséricordieux, si vous avez eu compassion des misères de vos frères, si vous avez soulagé leur infortune, consolé leur affliction, si vous avez été miséricordieux dans vos jugements et dans vos paroles, parce que, au dernier moment, vous serez jugés avec miséricorde. Alors, mes Frères, après tous ces bonheurs de la vie chrétienne, après la pureté, la sérénité, le calme, la confiance en Dieu, après la foi, la générosité, le dévoûment, le sacrifice de vous-mêmes, après le respect jusqu'à la fin de la volonté de Dieu, après le respect et l'obéissance à l'Église qui est l'autorité qui gouverne vos âmes sur la terre, vous recevrez la récompense éternelle que Dieu promet à ses élus.

Si, dans cette vallée de larmes, votre âme se prend à défaillir, succombant sous le poids de la fatigue, dites-lui : Encore un peu de temps, courage, ô mon âme ! pourquoi es-tu triste? espère en Dieu. Si tous les jours au pied de l'autel vous savez répéter ces consolantes paroles, vous surmonterez tous les obstacles de la route, et bientôt arrivera pour vous le jour où vous vous réjouirez d'une joie qui ne se trouve point ici-bas où tout passe, mais au ciel où toute félicité est sans terme.

Ainsi soit-il.

FIN.

TABLE DES MATIÈRES.

Pages.

Préface. 1

PREMIÈRE INSTRUCTION
LA FEMME FORTE.

Secret de sa force. — La femme faible. 1

DEUXIÈME INSTRUCTION
SUR LA FEMME FORTE.

Son gouvernement. — Son mari. — Ses enfants. — Ses serviteurs. 25

TROISIÈME INSTRUCTION
SUR LA FEMME FORTE.

La femme forte vis-à-vis son prochain et les étrangers. 51

QUATRIÈME INSTRUCTION

SUR LA FEMME FORTE.

La femme forte. — Son intérieur. — Son règlement de vie. 73

CINQUIÈME INSTRUCTION

SUR LA FEMME FORTE.

La question d'argent. 99

SIXIÈME INSTRUCTION

SUR LA FEMME FORTE.

Les aumônes. 121

SEPTIÈME INSTRUCTION

SUR LA FEMME FORTE.

Les occupations de la femme forte. — La vie oisive. 147

TABLE DES MATIÈRES.

HUITIÈME INSTRUCTION

SUR LA FEMME FORTE.

	Pages.
Ses vêtements..	173

NEUVIÈME INSTRUCTION

SUR LA FEMME FORTE.

La religion et la piété de la femme forte. . . . 197

DIXIÈME INSTRUCTION.

Résumé et fin de la femme forte. 221

PARIS. — IMP. DE VICTOR GOUPY, RUE GARANCIÈRE, 5.

www.ingramcontent.com/pod-product-compliance
Lightning Source LLC
Chambersburg PA
CBHW070742170426
43200CB00007B/615